John Coleman

DYNASTIA
ROTHSCHILDÓW

OMNIA VERITAS®

John Coleman

John Coleman jest brytyjskim autorem i byłym członkiem Secret Intelligence Service. Coleman opracował różne analizy dotyczące Klubu Rzymskiego, Fundacji Giorgio Cini, listy Forbes Global 2000, Międzyreligijnego Kolokwium Pokojowego, Instytutu Tavistock, Czarnej Szlachty oraz innych organizacji zajmujących się tematyką Nowego Porządku Świata.

The Rothschild Dynasty

Dynastia Rothschildów

Przetłumaczone i opublikowane przez Omnia Veritas Limited

OMNIA VERITAS®

www.omnia-veritas.com

Dr John Coleman, autor książki „*Komitet 300*", opowiada, w jaki sposób Mayer Amschel, założyciel dynastii „Czerwonej Tarczy", zdobył swoją pierwszą fortunę. Jest to dalekie od mitów i legend, które wciąż otaczają człowieka, który zaczynał jako handlarz szmatami i lombardzista, pracując w małym domku przy Judenstrasse we Frankfurcie nad Menem w Niemczech, gdzie mieszkał z żoną i rodziną.

Wydarzenia przypisywane historii są często spowodowane przez „ukrytą rękę", która pociąga za sznurki królów, książąt i potentatów zza kulis. Zjawisko to zostaje wyjaśnione, a legendy, które narosły wokół rodziny Rothschildów, zostają obalone w tej książce, która ujawnia również intrygi Rothschildów, które doprowadziły do upadku takich postaci jak Napoleon i car Aleksander II z Rosji.

Legenda głosi, że „geniusz i umiejętności finansowe" Mayera Amschela Rothschilda odziedziczyli jego synowie, ale prawda jest zupełnie inna, co dr Coleman jasno pokazuje w tej dobrze udokumentowanej relacji, która wykracza daleko poza najbardziej znane legendy maskujące prawdziwy charakter rodziny.

To, w jaki sposób Mayer Amschel Rothschild „miał szczęście" i jakie kroki podjął, aby wyciągnąć rodzinę z zapomnienia i uczynić ją „faktycznymi władcami całej Europy", stanowi fascynującą lekturę.

Ta znakomita książka dotyczy nie tylko przeszłości, ale także teraźniejszości i przyszłości. Pomoże ona wyjaśnić wiele wydarzeń, które wprawiają zwykłych ludzi w zakłopotanie, takich jak wojna w Iraku i groźby wojenne wobec Iranu.

SŁOWO WSTĘPNE

Historia rodziny Rothschildów, przez co zazwyczaj rozumie się ojca i jego pięciu synów, to prawdziwa opowieść o wykorzystaniu okazji; o niezłomnej woli realizacji zysków i wejściu do świata arystokracji, która ich nie chciała. Niektórzy mogą uznać za bezczelność mówienie o ogromnej fortunie, która trafiła w ręce i pod kontrolę Mayera Amschela Rothschilda, jako o „szansie", podczas gdy inni uważają to za nic innego jak sprzeniewierzenie powierzonych mu środków, co trudno uznać za „szansę" w powszechnie przyjętym znaczeniu tego słowa.

Niemniej jednak dla Mayera Amschela była to łaska losu, która wyniosła go z życia lombardzisty i sprzedawcy towarów używanych do najwyższych sfer władzy, co stanowi niezwykłe osiągnięcie, jeśli weźmie się pod uwagę historię tego okresu, w którym Żydzi byli ograniczeni wieloma przepisami prawa cywilnego mającymi stanowić trwałą barierę między nimi a mieszkańcami księstw i narodów, w których żyli. Kolejną ogromną barierą były różnice klasowe, które byłyby zniechęcające nawet dla nie-Żyda, który nie należał do rządzącej arystokracji.

Mobilność klasowa była czymś niespotykanym, a podziały były surowe i ściśle egzekwowane, zwłaszcza we Frankfurcie nad Menem w Niemczech, gdzie dynastia Rothschildów rozpoczęła swoją niezwykłą historię. Mayer Amschel Rothschild miał niewielkie wykształcenie, jeśli w ogóle; jego rodzina nie miała motta, ale miał on wytrwałość w dążeniu do celu i silną wiarę w swoją religię. Jego dom był domem burżuazyjnym, „obcym" domem w obcym getcie we Frankfurcie.

Dzięki sprytowi i temu, co niektórzy nieprzychylni krytycy nazywali „wrodzoną przebiegłością", Mayer Amschel Rothschild wkroczył do ekscytującego świata arystokratycznych rodzin, które go unikały, a właściwie gardziły nim. Gdyby nie „szczęście" (lub „nieszczęście" – w zależności od tego, po której stronie się stoi) spotkania z em, landgrafem Hesji, Mayer Amschel Rothschild pozostałby do końca życia nieznanym lombardzistą i handlarzem szmat i kości. Nie musiał identyfikować się jako Żyd, z którego pochodzenia był dumny, ani też Mayer Amschel nigdy nie próbował ukrywać swojego pochodzenia. Wręcz przeciwnie, był z niego dumny, nawet w obliczu nieustannego sprzeciwu wobec Żydów we Frankfurcie, który rozciągał się na wszystkie narody Europy.

Anglia, najbardziej „cywilizowany" z europejskich narodów, jak chce nam wmówić historia, była szczególnie zaciekła w swoim sprzeciwie wobec Żydów. Nawet jej czołowe postaci, wykształceni mężczyźni, nie wstrzymywali się od określania Żydów w najbardziej niepochlebny sposób.

Na przykład lord Gladstone często nazywał Disraeliego, „lokaja" Rotszyldów, „tym obrzydliwym Żydem", jak podaje biograf Gladstone'a, Edward Freeman. Biskup Wilberforce nazwał Disraeliego „wschodnim Żydem" w niepochlebny sposób.

Bismarck nazywał go „hebrajskim czarodziejem", a Carlyle określał go mianem „absurdalnego żydowskiego chłopca".

Wspominam o tym jako o przykładach, aby pokazać, z jak ogromnymi trudnościami borykali się Żydzi, nawet ci wykształceni, którzy dążyli do władzy w świecie biznesu i finansów XVIII i XIX wieku. Niektórzy historycy i pisarze zarzucają Rothschildom, że sfabrykowali swoją historię i osiągnięcia, aby zdobyć władzę. Ich imponująca obecność wywarła ogromny wpływ na historię i można słusznie stwierdzić, że żadne ważne wydarzenie w życiu politycznym i gospodarczym narodów Europy nie obyło się bez udziału Rothschildów, nawet jeśli był on głęboko ukryty i jakkolwiek pośredni.

W świadomości wielu ludzi Rotszyldowie zawsze będą kojarzyć się z ogromnym bogactwem, ale to właśnie władza, jaką przyniosło to bogactwo, nie jest tak dobrze doceniana, jak powinna. Rothschildowie nie dążyli bowiem do zgromadzenia ogromnej fortuny tylko po to, by móc wieść wygodne życie. Poszukiwali bogactwa ze względu na to, co ono da im w zakresie kontroli nad czołowymi graczami wszystkich narodów, poprzez których sprawowali kontrolę nad państwami, która trwa do dziś. Rothschildowie nie żyli w próżni; wręcz przeciwnie, mieli wpływ na życie milionów ludzi. Lionel Rothschild lubił myśleć o sobie jako o kimś wyjątkowym i być może jest to prawda. Prawdą jest, że podobnie jak jego bracia był wyjątkowo bogaty, ale nigdy nie ujawniono, jak bardzo bogaty był . Jedno nie jest prawdą: Rothschildowie nie zgromadzili fortuny dzięki inflacji walut krajów, w których mieszkali. Nie ma żadnych rzeczywistych punktów odniesienia, które pomogłyby nam zrozumieć prawdziwy charakter członków rodziny Rothschildów oraz to, co doprowadziło ich do obsesji na punkcie pieniędzy i nienasyconego apetytu na władzę.

W większości przypadków pozostaje nam tylko zgadywać, co działo się w umysłach tej potężnej rodziny, która była zdeterminowana, by stać się ukrytymi władcami Europy i Wielkiej Brytanii, a właściwie całego świata. Nie było tak, że pomagała im w tym atrakcyjna aparycja czy przyjemny sposób mówienia, jak to bywa w przypadku naturalnych atrybutów rasy irlandzkiej. Wręcz przeciwnie, według wszystkich relacji byli oni wyraźnie brzydcy z wyglądu i mieli szorstkie maniery. Meyer Amschel mówił gardłowym frankfurckim jidysz, mieszanką polskiego i niemieckiego z wyrażeniami zaczerpniętymi z języka hebrajskiego.

Edukacja, jaką zapewnił swoim dzieciom, nie wykraczała poza podstawową szkołę synagogalną, do której uczęszczały.

Intelektualizm był w każdym razie zabroniony dla Żydów z Frankfurtu, którym nie pozwolono uczestniczyć w epoce oświecenia, która ogarnęła Europę.

Mayer Amschel pozostał wierny naukom Talmudu i szanował wszystkie jego tradycje, ucząc swoje dzieci, by postępowały tak samo. W żadnym wypadku nie zmienił swojego stylu życia, gdy zdobył sławę i bogactwo. Ubrania, które nosił on i jego synowie, były często zużyte do cna.

W wielu dokumentach i pismach przechowywanych w British Museum znajdują się bardzo nieprzychylne wzmianki na ten temat, a niektóre z nich są wysoce obraźliwe. W jednej z relacji autorstwa Cherepa-Spiridovicha twierdzi się, że Mayer Amschel nigdy nie zmieniał bielizny i nosił te same ubrania „aż spadły z niego". Pisarze tacy jak John Reeves, Demachy i Spiridovich dochodzą do wniosku, zgodnie ze słowami tego ostatniego, że dla

> „Za co najmniej połowę wszystkich rozlewu krwi i nieszczęść, jakie dotknęły narody od 1770 roku, można obarczyć polityczne działania tej złowrogiej i zgubnej rodziny".

Inni, jak redaktor *Chicago Tribune*, który wiedział, że coś się dzieje, ale nie potrafił tego nazwać, napisali 22 lipca 1922 roku:

> Nasi mężowie stanu to dzieci w porównaniu z ich politykami. Raz po raz oferuje się nam czołowe miejsce w sprawach światowych. Podaje się nam je na tacy, a my, z czystej głupoty, odrzucamy je.

Pytanie brzmi: „Czy to my je odrzuciliśmy, czy też jakaś ukryta siła uniemożliwiła nam przejęcie inicjatywy?". Nietzsche, niemiecki filozof, w swojej pracy *„Świt dnia"* napisał:

> Jednym ze spektakularnych wydarzeń, których świadkami będziemy w następnym stuleciu, jest decyzja dotycząca losu Żydów. Jest teraz całkiem oczywiste, że rzucili oni kostkę i

> przekroczyli Rubikon; jedyne, co im pozostaje, to albo stać się panami Europy, albo stracić Europę, tak jak kiedyś stracili Egipt, gdzie stanęli przed podobnymi alternatywami... Europa może pewnego dnia wpaść w ich ręce jak dojrzały owoc, jeśli nie będą się jej zbyt gorliwie trzymać.

Ci, którzy badali Nietzschego, twierdzą, że odnosił się on do Rotszyldów, ale nie znalazłem żadnych dowodów na poparcie tej tezy, choć wydawałoby się to pasować do schematu działania tej słynnej rodziny.

Wiele z ich tajemnic pozostało całkowicie ukrytych i być może nigdy nie zostanie ujawnionych. Frustrację związaną z taką tajemniczością ujawniają słowa francuskiego męża stanu Lamartine'a, opublikowane w :

> Pragniemy zerwać wszelkie jarzma, a jednak istnieje jedno, które jest niewidzialne, a mimo to ciąży na nas. Skąd się bierze? Gdzie jest? Nikt nie wie, a przynajmniej nikt nie mówi. To stowarzyszenie jest tajemnicą nawet dla nas, weteranów tajnych stowarzyszeń.

Francuski minister spraw zagranicznych G. Hanotoux napisał w 1878 roku o tej ukrytej ręce jako o

> „tajemniczej siły rządzącej polityką i mieszającej karty dyplomacji".

Wiele z tych tajemnic zostało w pełni wyjaśnionych przez Disraeliego w jego powieści *Coningsby*, która była jedynie ledwo zawoalowaną relacją z poczynań Rotszyldów. Disraeli musiał zamaskować wiele faktów jako fikcję, aby gniew ludzi nie wybuchnął w obliczu zawartych w niej rewelacji. „Sidonia" to bez wątpienia Lionel Rotszyld, a Coningsby – fikcyjna relacja z jego czynów:

Kiedy miał dziewiętnaście lat, Sidonia, który mieszkał wówczas u swojego wuja w Neapolu, udał się na dłuższą wizytę do innego krewnego swojego ojca we Frankfurcie. Pomiędzy Paryżem a

Neapolem Sidonia spędził dwa lata. Nie dało się go rozgryźć. Jego szczerość ograniczała się wyłącznie do pozorów. Obserwował wszystko, choć był nadmiernie ostrożny, ale unikał poważnych dyskusji. Był człowiekiem pozbawionym uczuć.

Karl Rothschild mieszkał w Neapolu, a Mayer Amschel we Frankfurcie, więc nietrudno dojść do wniosku, że „Sidonia" to Lionel Rothschild, a dzięki temu uzyskujemy z Coningsby'ego jedną z najlepszych i najdokładniejszych, szczegółowych relacji o Rothschildach i ich drodze do władzy, jaką kiedykolwiek napisano.

Uwaga wyjaśniająca

Proszę zwrócić uwagę, że źródła i odniesienia są wymienione w tekście. Uznałem, że ułatwi to korzystanie z nich i pozwoli uniknąć konieczności przeszukiwania oddzielnej listy przypisów, co zakłócałoby ciągłość tekstu.

W tym zakresie wzorowałem się na metodzie i stylu kilku autorów z epoki wiktoriańskiej, którzy uznali to za najlepszy sposób na kontynuowanie narracji bez konieczności zatrzymywania się, sprawdzania i wyszukiwania konkretnego źródła. Mam nadzieję, że również Państwo uznają tę metodę za łatwiejszą do stosowania niż metodę tradycyjną.

Jeszcze jedna ważna kwestia: chcę, aby było jasne, że niniejsza praca nie powinna i nie może być interpretowana jako „antyjewjska" lub „antysemicka". Nie jest ani jednym, ani drugim. Jest to raczej oparty na faktach opis rodziny, która akurat była żydowska i która sama nie ukrywała tego faktu. Pisanie inaczej byłoby jak próba napisania opisu króla Zulusów Chaki bez wspomnienia, że Chaka był czarnym afrykańskim królem.

ROZDZIAŁ 1

Jak handlarz szmatami i kośćmi stał się jednym z najbogatszych ludzi na świecie

W międzynarodowej bankowości nie ma chyba nazwiska tak znanego jak Rothschild, a jednak tak niewiele wiadomo o prawdziwej historii tej rodziny. Istnieje wiele legend, mitów i fantazyjnych opowieści, ale niewiele wiadomo o prawdziwym charakterze tej rodziny, która zmieniła bieg historii, kupując i sprzedając mężów stanu, królów, książąt i biskupów, jakby byli zwykłymi towarami, które można odrzucić jak zużyte buty i stare ubrania, gdy już spełniły swoje zadanie. Mówi się, że rodzina ta wywołała rewolucje, wojny i przewroty, które na zawsze zmieniły oblicze Europy, Dalekiego Wschodu i Stanów Zjednoczonych. Celem tej książki jest zgłębienie historii Rotszyldów i zrozumienie, jaki był ich plan wobec świata. Rotszyldowie są Żydami, czego nigdy nie starali się ukrywać ani bagatelizować.

W całej historii, od Indii przez Babilon po Palestynę w starożytności, sprawy finansowe zawsze były głównie domeną Żydów. Na rynkach pieniężnych we Frankfurcie, Londynie, Nowym Jorku i Hongkongu dominowali żydowscy finansiści.

W 1917 roku byli oni rozsiani po całym świecie. Na giełdach w Londynie, Paryżu i Nowym Jorku żydowscy maklerzy stanowią trzon branży. Obroty metalami szlachetnymi, diamentami i walutami na całym świecie zawsze znajdowały się pod kontrolą Żydów. Przytaczamy te fakty jako takie, nie mając zamiaru sugerować niczego obraźliwego. Sami Żydzi to przyznają. Kiedy w 1910 roku Wielka Brytania przygotowywała się do wojny z

Niemcami, międzynarodowi żydowscy finansiści stacjonowali w kluczowych lokalizacjach — a na czele międzynarodowego finansowania na całym świecie stali Rothschildowie i powiązane z nimi domy bankowe. We Francji byli to Rothschild, Fould, Camondo, Pereira i Bischoffheim; w Niemczech: Rothschild, Warschauer, Mendelssohn, Bleichroder; w Anglii: Sassoon, Stern, Rothschild i Montague; ~ na Dalekim Wschodzie był to Sassoon; w Rosji – Gunzburg; w Stanach Zjednoczonych – J.P. Morgan, Kuhn Loeb and Co., Seligman and Co., Speyer and Co., Warburg oraz Lazard Freres.

Przede wszystkim jednak przyćmiewał je i rzucał na nie cień ród Rothschildów. Krytycy Rothschildów twierdzą, że Morgan i Kuhn Loeb byli jedynie przykrywką dla Rothschildów i że wszystkie słynne domy bankowe były powiązane z bankami Rothschildów.

Te domy bankowe przetrwały wiele burz dzięki ostrożnemu podejściu do spekulacji oraz bliskim więzom i pokrewieństwu z Rotszyldami oraz między sobą. Założycielem rodu Rotszyldów był Mayer Anselm Bauer (Rothschild), syn Anselma Mosesa Bauera, kupca z Frankfurtu. Ojciec sprzedawał nowe i używane towary oraz stare monety, a także prowadził lombard pod znakiem czerwonej tarczy, od której wywodzi się nazwa Rothschild, co w języku niemieckim oznacza czerwoną tarczę. Rothschild stało się ich przybranym i oficjalnym nazwiskiem. Firma mieściła się przy Judenstrasse, dosłownie „Ulicy Żydowskiej", w getcie we Frankfurcie, liczącym około 550 rodzin.

Mayer Amschel (Rothschild) urodził się w 1743 roku. Rodzina mieszkała we Frankfurcie od pokoleń, a w British Museum znajduje się zapis, że jej korzenie sięgają początku XVI wieku. W XVIII wieku stanowili już dość liczną grupę.

Zidentyfikowałem dwudziestu przodków Mayera Amschela, najstarszego z trzech synów, których rodzice zajmowali się handlem pieniędzmi, zarówno kupnem, jak i sprzedażą, w czym pomagał od dziesiątego roku życia. Ta mała firma była w rzeczywistości rodzajem zajmującym się wymianą walut, ponieważ w tamtych czasach Niemcy składały się z 350 księstw, z których każde miało własną walutę.

Najwyraźniej nie wolno im było wykonywać zawodów dostępnych dla wszystkich nie-Żydów we Frankfurcie. Nie ma wątpliwości, że Żydzi podlegali różnego rodzaju ograniczeniom, z których niektóre były dość niesprawiedliwe. Dom rodzinny był drewnianą chatą w stylu pseudogotyckim, w której Mayer Amschel mieszkał z matką, ojcem i trzema braćmi do 1775 roku, kiedy to ogromna epidemia ospy prawdziwej przetoczyła się przez Europę, zabierając życie obojga rodziców Mayera. Krewni Mayera zapisali go do szkoły rabinackiej w Furth. Nie miał jednak cierpliwości ani zamiłowania do długich lat nauki niezbędnych do uzyskania kwalifikacji, więc po trzech latach w Furth, w wieku trzynastu lat, Mayer Amschel wyruszył na własną rękę.

Można tylko podziwiać odwagę, jakiej musiał wykazać się ktoś tak młody, podejmując taki krok. Po przybyciu do Hanoweru młody człowiek otrzymał niewielką, nieznaczną pracę „z litości" w banku Domu Oppenheimerów, gdzie w ciągu sześciu miesięcy od przybycia został przyjęty na praktykant. Szybko doszedł do wniosku, że aby odnieść sukces w bankowości, potrzebna jest ochrona jednego z czołowych książąt. Po sześciu latach opuścił Hanower i wrócił do Frankfurtu, gdzie w 1770 roku poślubił Gudule Schnapper.

Mayer i Gudule (Gutta) zajmowali pierwsze piętro nad sklepem, w którym Mayer kupował i sprzedawał nowe i używane towary, tak jak wcześniej robił to jego ojciec. Wiele przedmiotów, takich jak obrazy i meble, wystawiano na chodniku. Był to dom, miejsce, z którego wyruszyli „baronowie bankowości", którzy mieli kontrolować światowe finanse oraz wielkich przywódców, mężów stanu i królów. Gudule urodziła Mayerowi pięciu synów. Rozmowy z pięcioma synami zawsze toczyły się przy „brudnym drewnianym stole", jak opisał to Spiridovich w książce

„Unrevealed in History", gdzie rodzina gromadziła się na posiłki i rozmowy.

Podział świata finansów między synów był jednym z ulubionych tematów rozmów. Ich ojciec opowiadał o czterech wnukach Karola Wielkiego, o tym, jak cesarze rzymscy rządzili światem, oraz o swojej wizji przyszłości synów. Jego pięć córek nigdy nie brało udziału w takich rozmowach.

Karol Wielki (771–814) był typowym Niemcem, mierzył ponad sześć stóp wzrostu i był znakomitym sportowcem, który mówił po grecku i łacinie. Był królem Franków, a w latach 800–814 n.e. został cesarzem rzymskim. Jednak pomimo swojego uwielbienia dla Karola Wielkiego, Mayer Amschel żywił gwałtowną nienawiść do wszystkiego, co związane z „Rzymem", który w późniejszych latach opisał jako „wielkiego wroga bolszewizmu", jak podaje sir Alfred Mond w książce World Battle of the Jews. Samuel Gompers, pisząc w The Chicago Tribune z 1 maja 1922 r., powiedział o bolszewizmie, odnosząc się do Mayera Amschela:

> Nic nie stanowiłoby bardziej niepotrzebnej i podłej zdrady cywilizacji niż uznanie bolszewickiej tyranii. Polityka niemieckich i anglo-amerykańskich bankierów jest najniebezpieczniejszym elementem w całym łańcuchu wysiłków bolszewików. Fundusze bolszewików sięgały milionów dolarów.

Nienawiść okazywana przez Mayera mogła wynikać z faktu, że od 1762 r. Frankfurt nad Menem był miastem wyborów i koronacji cesarzy Świętego Cesarstwa Rzymskiego, czego Mayer Amschel nie znosił, ponieważ wiedział, że Kościół katolicki był nieprzejednanym wrogiem bolszewików. Niektórzy historycy twierdzą, że jego nienawiść była skierowana przeciwko Rosji, ponieważ była to największa chrześcijańska nacja w Europie i że pod rządami kilku jej władców Żydzi znosili wiele trudów i prześladowań.

Siedząc przy stole, Mayer ostrzegał swoich synów, by trzymali majątek w rodzinie i nigdy nie zawierali małżeństw poza nią. Wyjaśniał im hebrajskie prawo „neshek", co dosłownie oznacza „ugryzienie" – słowo to odnosi się do odsetek – oraz „jak miało być stosowane poza społecznością hebrajską, a nie wobec niej". Najważniejsza miała być dyskrecja; nikt spoza rodziny nie mógł nigdy dowiedzieć się , ile pieniędzy posiadali. Według autora Johna Reevesa, który w swojej książce „*The Rothschilds: Financial Rulers of Nations*" cytuje MacGregora, autora „The Kahbalaha Unmasked":

> Pięciu synów rozpoczęło działalność w pięciu europejskich stolicach, ale działało w porozumieniu ze sobą. Od 1812 roku działalność Rothschildów była tak ogromna, a więzi łączące różnych członków rodziny tak splecione, że rozplątanie ich wydaje się niemal beznadziejne. Sukces osiągnięty przez założyciela wynikał z niespokojnej sytuacji na świecie. Mayer Amschel był dzieckiem fortuny w takim samym stopniu jak Napoleon.

Mayer Amschel miał pięciu synów i pięć córek:

Anselem Mayer, urodzony w 1773 r., ożenił się z Evą Hannau

Salomon Mayer, urodzony w 1774 r., ożenił się z Caroline Stern

Nathan Mayer, urodzony w 1777 r., ożenił się z Hannah Levi Barnet Cohen w 1806 r.

Karl, urodzony w 1788 r., ożenił się z Adelaide Herz

Jacob (James), urodzony w 1792 r., ożenił się z siostrzenicą Betty, córką swojego brata Salomona, Anselem, jego najstarszy syn, otrzymał zaszczytne wyróżnienie w postaci członkostwa w Królewskiej Pruskiej Tajnej Radzie Handlu, konsula bawarskiego i bankiera dworskiego.

Dzisiaj, gdy nie ma już podziałów klasowych, może się to wydawać niczym wielkim, ale sztywny system kastowy obowiązujący w tamtych czasach uniemożliwiał „zwykłym ludziom" piastowanie takich stanowisk, zawsze zarezerwowanych dla klas tytułowanych, a Żydzi byli wyraźnie wykluczeni z takich wysokich urzędów . Salomon Mayer zdołał jakoś przedrzeć się do wewnętrznego i najbardziej zaufanego kręgu księcia Metternicha, faktycznego władcy Austrii.

Pięć córek nie otrzymało udziałów w firmie ani nie miało nic do powiedzenia w jej zarządzaniu, a w rzeczywistości były całkowicie wykluczone. Większość z nich wyszła za mąż w ramach „małżeństw aranżowanych".

Według autora Johna Reevesa:

> Ruchy Rotszyldów są uważnie obserwowane i są dla opinii publicznej równie ważne jak ruchy ministrów. Jeden z entuzjastycznych badaczy został poinformowany, że nie da się wymienić wszystkich członków rodziny, ponieważ nie istnieje drzewo genealogiczne. (*The Rothschild Financial Rulers*)

Na łożu śmierci Mayer Amschel czytał z Talmudu, a następnie zmusił swoje dzieci do złożenia uroczystej przysięgi, że zawsze będą trzymać się razem i nigdy nie będą podejmować żadnych działań osobno, zgodnie z relacją generała majora hrabiego Cherep-Spiridovicha, zawartą w *książce The Unrevealed in History* oraz dokumentach przechowywanych w British Museum w Londynie.

ROZDZIAŁ 2

Mayer Amschel i pięciu synów spotyka niezwykłe szczęście

Podczas pracy w banku Oppenheimer Amschel miał niezwykłe szczęście spotkać generała porucznika barona von Estorffa, arystokratę najbliższego landgrafowi Hesji-Kassel, niezwykle ważnej rodzinie, której korzenie sięgają setek lat wstecz.

W książce Armstronga „The Rothschild Money Trust" podano, że landgrafem był Wilhelm IX:

> „Został pożyczkodawcą i agentem Wilhelma IX, landgrafa Hesji-Kassel".

Wielokrotnie odznaczany historyk, żołnierz i pisarz, hrabia Cherep-Spiridovich opisuje to po prostu jako

> „Amschel został menedżerem landgrafa Hesji-Kassel".

Mówi się, że Mayer świadczył pewne usługi na rzecz von Estorffa na koszt banku Oppenheim, których dokładne szczegóły nie są znane do dziś.

Zgodnie z moimi badaniami w British Museum, pierwsze kroki w tej sprawie podjął doradca finansowy Wilhelma, niejaki Karl Budurus:

> „Rothschildowie, podobni w swoich ambicjach, niezwykle wytrwali, cierpliwi i skryci, doszli do porozumienia i postanowili zawrzeć umowę o wzajemnej pomocy".

Szczegóły opracowanego przez nich planu nigdy nie zostały ujawnione. Jednak *Encyklopedia Żydowska* z 1905 i 1909 r., tom X, strona 499, rzuca na to nieco światła:

> W związku z tym (Amschel) został agentem Wilhelma IX, landgrafa Hesji-Kassel, który po śmierci ojca odziedziczył największą prywatną fortunę w Europie (szacowaną na 40 000 000 dolarów), pochodzącą głównie z wynajmu oddziałów wojskowych rządowi brytyjskiemu w celu stłumienia rewolucji w Stanach Zjednoczonych...
>
> Po bitwie w czerwcu 1806 r. landgraf uciekł do Danii, pozostawiając 600 000 funtów (około 3 000 000 dolarów) u Mayera Rothschilda na przechowanie. Według legendy pieniądze te zostały ukryte w beczkach z winem i uniknęły przeszukania przez żołnierzy Napoleona, gdy wkroczyli do Frankfurtu, a następnie zostały zwrócone w nienaruszonym stanie elektorowi.
>
> Fakty są mniej romantyczne, a bardziej biznesowe.

Dokumenty, które przeanalizowałem, pokazują, że „elektor", jak go nazywano, sam nie był zbyt skrupulatny, jeśli chodzi o pochodzenie pieniędzy, które napływały do jego skarbca. Najemnicy z Hesji byli jego podstawowym kapitałem, wynajmowanym tym, którzy mieli najwięcej pieniędzy, by za nich zapłacić.

Hesjanie opracowali umowę z władcą, w której jasno określono, że książę otrzyma dużą zaliczkę na początku operacji wojskowych, do których zostali zatrudnieni. Następnie miała nastąpić dodatkowa wypłata dla żołnierzy, pewne dodatki dla rannych oraz trzykrotność kwoty w przypadku śmierci w bitwie. Środki te miały trafić do najemników lub ich rodzin, a nie do księcia. Co więcej, umowa najmu nie wygasała wraz z ogłoszeniem pokoju, lecz dopiero po upływie pełnego roku od zawarcia pokoju i dopiero po powrocie najemników do domu.

Rząd brytyjski był największym klientem, „wynajmując" około

15 000–17 000 Hesjanów każdego roku. Chociaż nie ma bezpośredniego dowodu na to, że Amschel i Budurus byli autorami poniższego planu, wydaje się bardzo prawdopodobne, że tak właśnie było. Zamiast wysyłać kwotę ryczałtową i płatności do Kassel, siedziby księcia, pieniądze zatrzymywano w Anglii, gdzie były inwestowane. Odsetki od tych środków (wynegocjowane przez Amschela) były wypłacane landgrafowi w formie weksli. Ta część pieniędzy, która faktycznie trafiła do Kassel, była następnie wykorzystywana do udzielania wysoko oprocentowanych pożyczek innym potrzebującym książętom. Skutkowało to ogromnym przepływem środków do i z Kassel, przynosząc znaczne dochody landgrafowi, który związał się z rodziną Von Turn und Taxis, posiadającą monopol pocztowy w całej Europie. Najemnicy, którzy w największym stopniu przyczynili się do zarobienia tych pieniędzy, nie otrzymali nic poza obiecanymi kwotami, ponieważ nie byli wtajemniczeni w „prywatną" umowę dodatkową zawartą za ich plecami.

Książęta Von Thurn i Taxis (członkowie Komitetu 300) byli zadowoleni, że otrzymali udział w łupie w zamian za pełnienie roli agentów wywiadowczych dla landgrafa, a później dla Rotszyldów. Robili to, otwierając ważne przesyłki zgodnie z poleceniami, czytając ich zawartość i informując landgrafa o tym, co zobaczyli, a na jego rozkaz przyspieszając lub opóźniając dostarczenie listów z korzyścią dla landgrafa i Mayera Amschela – oraz ze szkodą dla ich dłużników.

(Więcej szczegółów na temat rodziny von Thurn und Taxis można znaleźć w *książce „The Conspirators' Hierarchy, The Committee of 300"*, wydanie[czwarte]).

Fakty te są rzeczywiście dalekie od romantycznych wyobrażeń o tym, jak Amschel rozpoczął swoją karierę, i zostały ujawnione w sposób bardziej szczegółowy niż cokolwiek, co pojawiło się wcześniej w druku. Krytycy twierdzą, że fakty te znacznie odbiegają od tych sugerowanych w Encyklopedii. Cherep-Spiridovich mówi wprost, że pieniądze nie zostały zwrócone landgrafowi, a w rzeczywistości zostały skradzione przez

Amschela. W książce *„The Rothschild Money* Trust" autor Armstrong stwierdza:

> Fakty są całkowicie „mniej romantyczne". Mayer Amschel Rothschild zdefraudował te pieniądze. Pieniądze te były skażone od samego początku. Zostały one wypłacone przez rząd brytyjski landgrafowi za służbę jego żołnierzy z Hesse-Kassel ; wykorzystano je do stłumienia rewolucji amerykańskiej, a żołnierze mieli do nich moralne prawo. Najpierw zostały one zdefraudowane przez Wilhelma z Hesse, a następnie przez Mayera Amschela. Te dwukrotnie skradzione pieniądze stanowią fundament ogromnej fortuny Rothschildów. Od tamtej pory pozostały wierne swojemu pochodzeniu. Wśród setek miliardów dolarów, które obecnie posiada rodzina Rothschildów, nie ma ani jednego uczciwie zdobytego dolara. Zamiast umieścić pieniądze w beczkach z winem, Mayer Amschel Rothschild wysłał całą sumę do swojego syna Nathana w Londynie, gdzie ten założył londyński oddział rodziny.

Były to najprawdopodobniej pieniądze, które Nathan wykorzystał do otwarcia N. M. Rothschild and Sons, rodzinnego domu bankowego.

Armstrong kontynuował:

> Za swoje dodatkowe zasługi Amschel został mianowany cesarskim agentem korony, co dawało mu prawo do swobodnego podróżowania bez przeszkód. Jego „współpraca" z książętami von Thurn i Taxis przyniosła cenne informacje wywiadowcze, dające mu przewagę nad wszystkimi konkurującymi z nim lichwiarzami. Nathan Rothschild zainwestował je w 800 000 000 złota (czyli o takiej wartości, a nie wagi) od Kompanii Wschodnioindyjskiej, wiedząc, że będzie ono potrzebne do kampanii Wellingtona na Półwyspie Iberyjskim.

Osiągnął co najmniej cztery zyski:

1. Na sprzedaży papierów Wellingtona, które kupił za 50 centów za dolara i odebrał po wartości nominalnej.

2. Na sprzedaży złota Wellingtonowi.

3. Na jego odkupie.

4. Na wysłaniu go do Portugalii.

To był początek wielkiej fortuny. Sposób, w jaki wciąż stosunkowo mało znany urzędnik bankowy zdołał pokonać przepaść barier społecznych dzielących ich klasy, jest sam w sobie klasyką.

Według dokumentów znajdujących się w British Museum:

> ... Książę był bardzo chciwy i skąpy i nie przejmował się zbytnio sposobami, dzięki którym powiększał się jego majątek, odziedziczony po ojcu, Wilhelmie VIII (bracie króla Szwecji). Fryderyk, dowiedziawszy się od von Estorffa o zdolnościach i braku skrupułów Amschela, zainteresował się pozyskaniem „człowieka-słupka" (figuranta) do swoich wątpliwych interesów.

Amschel ukrywał swoje powiązania z Fryderykiem II za skromną fasadą, ale nie ma wątpliwości, że wykorzystywał swoje wpływy u starego landgrafa, aby zdobyć miliony, a także awans polityczny. Został agentem landgrafa Hesji, a pierwszą pożyczkę rządową, którą zorganizował, było w 1802 roku, kiedy rząd duński pożyczył dziesięć milionów talarów.

Chociaż wówczas nie było to wiadome, pieniądze pochodziły z ogromnej fortuny rodziny landgrafów.

Aby zyskać przychylność, Amschel obiecał, że przekaże swoją część zysków Fryderykowi II, ale nigdy tego nie uczynił. Dzięki tej transakcji losy Rotszyldów miały stać się jedną z najbardziej zdumiewających historii sukcesu w historii finansów i pożyczek.

Po Fryderyku II tron objął jego syn, Wilhelm IX, który w 1785 roku został elektorem Wilhelmem I. W tym czasie Amschel pełnił rolę swego rodzaju „ministra finansów" zmarłego Fryderyka II i znał wszystkie rodzinne sekrety.

Obaj od razu się dogadali. Obaj urodzili się w 1743 roku. Amschel ukrywał swoje prawdziwe bogactwo przed elektorem Wilhelmem I, zawsze nosząc te same ubrania i udając biednego. Od momentu, gdy został zarządcą majątku elektora Wilhelma I, majątek Amschela rósł, podczas gdy majątek jego pracodawcy malał. W 1794 roku miało miejsce wydarzenie o charakterze , które spowodowało ucieczkę elektora Wilhelma I. Stało się to, gdy francuski generał Hoche zdobył Koblencję.

W obawie, że okupanci ujawnią jego korupcyjne praktyki (a właściwie intrygi Amschela, który był „figurantem"), elektor Wilhelm I uciekł, przekazując kontrolę Amschelowi.

Oto prawdziwa historia tego, jak Rotszyldowie zdobyli swoje pieniądze. Nie było to dzięki prowadzeniu lombardu, sprytnej spekulacji ani żadnej innej z powszechnie akceptowanych bajek, które brzmią tak romantycznie.

Geniusz synów wynika z fortuny landgrafa Hesji, a nie z fantazyjnego „geniuszu" pięciu braci! Był to po prostu przypadek „kradzieży przez przywłaszczenie".

Mayer zmarł we Frankfurcie 12 grudnia 1812 roku, pozostawiając swój majątek pięciu synom i mniejszą kwotę pięciu córkom.

ROZDZIAŁ 3

Rothschildowie wkraczają do europejskiej elity

Sposób, w jaki Mayer pozostawił większość swoich pieniędzy pięciu synom, a znacznie mniej córkom, był charakterystycznym przykładem tego, jak on i jego przodkowie postrzegali kobiety jako słabe ogniwo w łańcuchu.

Kobiety miały być wykorzystywane do aranżowanych małżeństw wewnątrz rodziny, dla interesów. Innymi słowy, małżeństwa miały być aranżowane z myślą o korzyściach biznesowych.

W umyśle Mayera nie było miejsca na „równość" mężczyzn i kobiet. Współczesna, kierowana przez socjalistów kampania na rzecz równych praw dla kobiet pojawiła się ponad sto lat później i ograniczała się głównie do równych praw dla kobiet niebędących Żydówkami. Amschel podzielił narody Europy jak bochenki chleba, przydzielając swoim synom Niemcy, Austrię, Wielką Brytanię, Włochy i Francję jako „ich terytoria".

Później wysłał jednego ze swoich krewnych, mężczyznę o nazwisku Schoeneberg, do Stanów Zjednoczonych pod fałszywym nazwiskiem August Belmont. Stał się on ukrytą ręką, która potajemnie przeforsowała ustawodawstwo umożliwiające powstanie Rezerwy Federalnej.

Interesy synów Rotszyldów skupiły się na międzynarodowych finansach i bankowości, a oni sami założyli oddziały w głównych stolicach Europy: Paryżu, Neapolu, Wiedniu i Londynie, z których każdy znajdował się pod ścisłym nadzorem jednego z pięciu synów, podczas gdy „Belmont" mocno zaangażował się w bankowość oraz politykę Partii Demokratycznej w Ameryce. W stosunkowo krótkim czasie Rotszyldowie zdołali wciągnąć całą Europę w swoją orbitę i pod swoje wpływy. Kupili urzędników i zaprzyjaźnili się z monarchami i książętami Europy, dbając jednocześnie o to, by do rodziny nie wkradli się obcy. Kiedy jedna z córek nawiązała „związek miłosny", został on bezlitośnie zniszczony. Powiedziano jej, że bracia traktują małżeństwo jako sprawę biznesową i że będą aranżować małżeństwa w celu nawiązania partnerstw.

Wystarczyło jedno pokolenie planowania, intryg i manipulacji opinią publiczną, by uczynić Rotszyldów największą siłą i wpływową potęgą nie tylko w sprawach europejskich, ale także na Dalekim Wschodzie, a później w Stanach Zjednoczonych. Małżeństwa między członkami rodziny zjednoczyły ją w spójny, silny front. W 1815 roku Austria dała przykład, przyznając pięciu braciom dziedziczne tytuły „baronów" wraz z prawem do posiadania ziemi. Ich błyskawiczny wzrost do sławy, fortuny i władzy był zadziwiający. Nigdy nie podejmowali żadnych decyzji ani działań bez ścisłej konsultacji ze swoim „agentem komunikacyjnym" i „źródłem informacji wewnętrznych", rodziną Von Thurn und Taxis.

Jeśli nie można było zdobyć stanowisk politycznych, kupowano je. Na przykład Mayer Amschel, kierujący Frankfurtem, kupił miejsce w pruskiej Tajnej Radzie Handlu. Było to stanowisko, które w przeszłości było dostępne tylko dla członków rodziny królewskiej, a jego sukces wstrząsnął pruską arystokracją, wywołując wiele niepokoju i konsternacji.

Po restauracji Burbonów (w której Rothschildowie odegrali niemałą rolę) najmłodszy z braci, James (Jacob), otrzymał koncesję na założenie oddziału banku Rothschildów w Paryżu.

Szybko zdając sobie sprawę ze znaczenia kolei, James sfinansował wiele nowych linii i zgromadził ogromną fortunę.

Pożyczył Burbonom, zawsze rozrzutnym, miliony franków.

Nathan był geniuszem wśród pięciu braci. Jako trzeci w kolejności był tym, do którego inni zwracali się po radę. Kiedy bracia postanowili osiedlić się w Anglii, wysłali Nathana, aby osiedlił się w Manchesterze, brudnym północnym mieście przemysłowym, a nie w Londynie. Powodem było to, że Rothschildowie mieli tam ważne plany handlowe dotyczące handlu tkaninami, które zamierzali w pełni wykorzystać przed przeniesieniem swojej działalności do Londynu. Większość tkanin potrzebnych do produkcji mundurów dla brytyjskiej armii i marynarki wojennej pochodziła pierwotnie z Niemiec. Dzięki „wywiadowi pocztowemu" zapewnianemu przez monopol pocztowy Von Thurn und Taxis, Rothschildowie dowiedzieli się, że wojna z Napoleonem jest nieuchronna. Nathan został szybko wysłany do Niemiec, aby wykupić wszystkie zapasy takich tkanin.

Kiedy manufaktury z Manchesteru otrzymały od rządu brytyjskiego kontrakty na produkcję mundurów dla armii i marynarki wojennej, wysłały swoich agentów do Niemiec, aby zabezpieczyć niezbędne zapasy tkanin, tak jak zawsze to robiły, ale dowiedziały się, że cała produkcja została już sprzedana Nathanowi Rothschildowi, od którego były teraz zmuszone kupować.

Kiedy wiadomość dotarła do Manchesteru, wywołała gwałtowne zamieszanie. W pewnym momencie Nathan obawiał się o swoje bezpieczeństwo. Po pięciu latach spędzonych w Manchesterze, w 1805 roku Nathan przeniósł się do Londynu.

Właściwie lepszym opisem byłoby słowo „uciekł", ponieważ rzeczywiście został do tego zmuszony, gdy narastał publiczny gniew wobec jego działań. Jednym z głównych powodów wielkiego sukcesu Nathana było to, że zdał sobie sprawę, iż szybka komunikacja jest kluczem do pokonania konkurencji. Do komunikacji zatrudniał najszybszych jeźdźców, statki, a nawet gołębie pocztowe. Gorliwie poszukiwał „informacji poufnych", które ukrywał przed konkurentami i rządami. Miał swoich tajnych agentów we wszystkich stolicach Europy.

Ta lojalna grupa nigdy nie wahała się jechać przez całą noc, zimą i latem. Trzymali najlepszą rasę gołębi pocztowych, a pływał na najszybszych statkach pocztowych, czasami wykupując wszystkie miejsca na trasie między Francją a Anglią, aby zablokować konkurentów.

Najważniejszą zasadą Nathana było kupowanie obligacji rządowych, które były niewypłacalne lub miały wkrótce stać się niewypłacalne, z ogromnymi rabatami. Po odpowiednim czasie wywierano ogromną presję na zainteresowane rządy, aby wykupiły obligacje po wartości nominalnej, co przynosiło Nathanowi niesamowite zyski. W ten sposób stał się agentem finansowym dla ponad połowy rządów Europy. Niektórzy bardzo znani ludzie w przeszłości twierdzili, że „cywilizacja dobiegła końca w 1790 roku", wśród nich H.G. Wells, słynny brytyjski pisarz establishmentu, który w „*New York American*" (27 lipca 1924 r.) stwierdził, że intelektualny i moralny postęp ludzkości zakończył się wraz z XVIII wiekiem.

Wells cieszył się uznaniem Rotszyldów, którym podobała się jego koncepcja Ligi Narodów, nazywanej przez Wellsa „państwem światowym", które według niego było nieuniknione. Erlingerowie przekazali na ten cel 3000 dolarów, podobnie jak N.M. Rothschild.

George Bernard Shaw, irlandzki dramaturg, powiedział Hillaire'owi Bellocowi: „W 1790 roku wydarzyło się coś ogromnego". Zostało to opisane w „*New York Times*":

> Istnieją powody, by sądzić, że odnosili się oni do wielkich ruchów rewolucyjnych, które rozpoczęły się między połową a końcem XVIIIwieku· kiedy to w 1779 roku Amschel Rothschild stał się panem najbogatszego człowieka na Ziemi, landgrafa Hesji-Kassel.

ROZDZIAŁ 4

Mury Jerycha [Frankfurtu]

Wcześniej wspomniałem, że we Frankfurcie w Niemczech mogło mieszkać zaledwie pięćset rodzin żydowskich. Sposób, w jaki Mayer Amschel poradził sobie z tym problemem, stał się jego znakiem rozpoznawczym. Z okazji narodzin syna Napoleona wielki książę Dalberg z Frankfurtu chciał udać się do Paryża, aby złożyć wyrazy szacunku, ale żaden z banków nie chciał pożyczyć mu pieniędzy na tę podróż.

Stary Amschel dostrzegł jednak możliwość zaciągnięcia przez Dalberga długu i pożyczył mu osiemdziesiąt tysięcy guldenów na pięć procent. Na wielkiego księcia nie wywierano presji, by spłacił pożyczkę, o ile tylko płacono odsetki, ale jednocześnie nie było żadnej przysługi, o którą prosiliby Rotszyldowie, a której wielki książę mógłby odmówić lub odmówił.

Amschel i jego rodzina prowadzili szeroko zakrojone operacje przemytnicze wbrew francuskiemu bojkotowi Anglii, na czym Rotszyldowie zarobili ogromne pieniądze. Podejrzenia padły na Amschela i na maj 1809 roku zaplanowano nalot.

Dalberg, który nigdy nie przegapił okazji, by pożyczyć pieniądze od Amschela na łagodnych warunkach, poinformował go o zbliżającej się nalocie za pośrednictwem swojego komisarza policji, von Eitzleina.

W gorączkowej aktywności przemyto kontrabandę i obciążające dokumenty do zaufanych przyjaciół, tak że kiedy przybył inspektor Savagner z wraz ze swoimi ludźmi, zastali starego

Mayera Amschela w łóżku, a przeszukanie nie przyniosło żadnych obciążających dowodów. Chociaż inspektorzy napoleońskiego bojkotu handlowego wrócili z pustymi rękami, Amschel został mimo wszystko ukarany grzywną w wysokości 20 000 franków, co było zaledwie groszem, ale uniknął więzienia, do którego trafiłby, gdyby inspektorzy odkryli kontrabandę.

Kiedy zamieszanie ucichło, Amschel zajął się problemem ograniczeń dotyczących liczby rodzin żydowskich, które mogły mieszkać we Frankfurcie. Zwrócił się do Dalberga, który wciąż był mu winien główną kwotę pożyczki.

Zgodnie z prawem każda żydowska rodzina musiała płacić roczną opłatę w wysokości 22 000 guldenów, aby pozostać w mieście. Amschel i jeden z jego partnerów, niejaki Gumprecht, przekonali wielkiego księcia do zaakceptowania jednorazowej kwoty, która dałaby Żydom prawa obywatelskie we Frankfurcie, czemu tak mocno sprzeciwiała się chrześcijańska większość. Co więcej, Amschel domagał się nie tylko równych praw obywatelskich, ale także tego, by Żydom pozwolono na utworzenie własnych organów władzy i rad.

Chciwy Dalberg zażądał, by kwota ryczałtowa zaproponowana przez Amschela wynosiła dwudziestokrotność całkowitej opłaty rocznej.

Amschel i jego przyjaciele spełnili to żądanie, wpłacając 294 000 guldenów w gotówce, a pozostałą kwotę w obligacjach na okaziciela.

W liście do wielkiego księcia potwierdzającym porozumienie i warunki Amschel pokazał, że gdy konieczne było pokorne i uległe zachowanie, był mistrzem w tej sztuce:

> Gdybym mógł być posłańcem dobrej nowiny, gdy tylko zostanie ona podpisana przez Jego Królewską Wysokość, naszego najdoskonalszego Pana i Wielkiego Księcia, na

> korzyść, i gdybym mógł poinformować mój naród o ich wielkiej radości, łaskawie poinformuj mnie o tym pocztą, przyznaję, że nadużywam Twojej dobroci i łaski, ale nie wątpię, że Wasza Wysokość i Wasza szanowna rodzina mogą oczekiwać wielkich niebiańskich nagród i otrzymają wiele szczęścia i błogosławieństw, ponieważ w rzeczywistości cała nasza frankfurcka społeczność żydowska, jeśli będzie miała szczęście uzyskać równe prawa, z wielką przyjemnością uiści wszystkie opłaty, które muszą płacić obywatele.

Zwróć uwagę, jak Amschel śmiało stwierdził, że Żydzi z Frankfurtu stanowią odrębny naród. Uchwalenie porozumienia zajęło trochę czasu, ale kiedy to nastąpiło, Amschel natychmiast ogłosił utworzenie Rady Zarządzającej Wspólnoty Religijnej Izraelitów, której pierwszym przewodniczącym został von Eitzlein (Żyd), być może w nagrodę za poinformowanie Amschela o planowanej w maju 1809 r. akcji przeciwko przemytowi. Senat i chrześcijanie byli wściekli i natychmiast zaatakowali porozumienie, twierdząc, że przyznaje ono Żydom specjalne przywileje.

Krążyły plotki, że Dalberg otrzymał znaczną sumę, której nie ujawnił publicznie. Nastroje przeciwko Dalbergowi i Żydom osiągnęły punkt kulminacyjny. W powietrzu unosiły się oskarżenia o przekupstwo w zamian za równe prawa. Wraz z upadkiem Napoleona Dalberg został odwołany i zastąpiony przez barona von Hugela z Hesji.

Amschel nie bał się Austrii ani Prus, miał ich rządy w garści, ale obawiał się, że kiedy Kongres Wiedeński zadecyduje o statusie Frankfurtu w 1814 roku, porozumienie Dalberga nie zostanie honorowane. Wysłał Jakuba Barucha i niejakiego Gompersa jako swoich przedstawicieli, ale wiedeńska policja miała ich na oku jako rewolucjonistów i nakazała ich wydalenie.

Jednak książę Metternich, który został stworzony przez Nathana Rothschilda, podobnie jak Adam Weishaupt, Napoleon, Disraeli i Bismarck byli jedynie marionetkami (lub „sługami")

Rothschildów, odwołał ten rozkaz. Łapówkarstwo i korupcja były praktykowane całkiem otwarcie.

Humboldowi zaoferowano trzy piękne szmaragdowe pierścienie warte fortunę oraz cztery tysiące dukatów, ale odmówił.

Sekretarz Metternicha, Frederick von Gentz, przyjął jednak oferowane łapówki i odtąd stał się dla Rotszyldów niezwykle cennym pośrednikiem w kontaktach z potężną austriacką szlachtą i przywódcami politycznymi .

Kiedy do Kongresu dotarła wiadomość, że Napoleon wylądował na francuskiej ziemi po powrocie z wygnania na Świętej Helenie, „kwestia żydowska" musiała zostać odłożona na bok. Kongres Wiedeński był pierwszą światową konferencją zdominowaną przez międzynarodowych bankierów, a Rotszyldowie w znacznym stopniu przyczynili się do kontroli, jaką bankierzy sprawowali nad podejmowanymi decyzjami.

ROZDZIAŁ 5

Rothschildowie plądrują pięć wielkich mocarstw

Hrabia Buol-Schauenstein, przedstawiciel Austrii, był oburzony porozumieniem Dalberga i Rotszyldów z frankfurckimi Żydami:

> Handel jest nadal jedynym źródłem utrzymania Żydów. Ten naród, który nigdy nie łączy się z żadnym innym, ale zawsze trzyma się razem, aby realizować własne cele, wkrótce przyćmi firmy chrześcijańskie; a wraz z ich strasznie szybkim wzrostem populacji wkrótce rozprzestrzeni się na całe miasto, tak że obok naszej czcigodnej katedry stopniowo powstanie żydowskie miasto handlowe.

Poświęciłem sporo czasu na przeglądanie dokumentów w British Museum, które w jakikolwiek sposób odnosiły się do tej rodziny, aby móc napisać o powstaniu dynastii Rothschildów, a znaczna część informacji pochodziła właśnie z tego źródła. Baron James stał się wielką postacią. Królowie i ministrowie musieli się z nim liczyć, a on uzasadniał to sfinansowaniem pożyczki w wysokości 520 milionów franków dla rządu okresu Restauracji, który potrzebował tych środków po wielkich wojnach rewolucji i Cesarstwa. W swojej książce *„Juifs roi de l'Époque"* Toussenel napisał:

> Za erę nowej władzy można uznać fatalny rok 1815; choć już przed tą datą koalicja bankierów z , którzy dokonali wielkich zakupów, wywróciła kampanię moskiewską i Waterloo – należy o tym pamiętać ze względu na ingerencję Żydów w nasze (francuskie) sprawy narodowe… W 1815 roku Francja

została skazana na zapłacenie 1500 milionów franków odszkodowania wojennego i stała się ofiarą międzynarodowych finansistów z Frankfurtu, Londynu i Wiednia, którzy zjednoczyli się, by wykorzystać jej nieszczęście. James Rothschild płacił za każdą obligację rządową o wartości 100 franków zaledwie 50 franków i otrzymywał pięć franków odsetek, co dawało dziesięć procent z pożyczonych pieniędzy, a w następnym roku kapitał zaczął zwracać się dwukrotnie. James stał się pożyczkodawcą królów. To, w połączeniu z jego spekulacjami na giełdzie, gdzie był w stanie wpływać na wzrost i spadek cen akcji, zwiększyło zyski barona do milionów.

W latach 1815–1830 Rothschildowie po prostu ograbiali pięć wielkich mocarstw: Anglię, Rosję, Francję, Austrię i Prusy. W ten sposób Prusy zaciągnęły pożyczkę w wysokości 5 000 000 funtów szterlingów o oprocentowaniu 5%, ale za swoje obligacje rządowe otrzymały jedynie 3 500 000, czyli 70%, co dało rzeczywistą stopę procentową powyżej 7%. Najważniejsze było jednak to, że obligacje musiały zostać wykupione w ciągu kilku lat w 100%.

Rothschildowie osiągnęli zysk w wysokości 1 500 000 funtów szterlingów plus odsetki. W 1823 roku James przejął całą pożyczkę francuską.

Według profesora Wernera Sombarta w jego pracy „*Żydzi i współczesny kapitalizm*”:

> Okres od 1820 roku stał się erą Rotszyldów, tak że w połowie wieku powszechnie powtarzano, że w Europie istnieje tylko jedna potęga, a są nią Rotszyldowie.

Jak wyjaśniono wcześniej, powieść Disraeliego „*Coningsby*” była ledwo zamaskowaną relacją z życia Nathana Rothschilda II i była niezwykle odkrywcza:

> Jego ojciec [Nathan Rothschild] założył oddziały w

> większości głównych stolic. Tutaj był panem i władcą światowych rynków pieniężnych i, oczywiście, praktycznie panem i władcą wszystkiego innego. Dosłownie trzymał w zastawie dochody południowych Włoch [za pośrednictwem Karla Rothschilda w Neapolu], a monarchowie i ministrowie wszystkich krajów zabiegali o jego rady i kierowali się jego sugestiami. Sidonia [Lionel] spędził dwa lata między Paryżem a Neapolem. Sidonia nie ma serca; jest człowiekiem pozbawionym uczuć.

Było to dzieło podyktowane Disraeliemu przez Nathana Rothschilda i opublikowane jako fikcja, ale nie ma dokładniejszej historii rodziny Rothschildów niż ta. Kim był Disraeli?

W *La Vieille France* N-216 Bismarck powiedział, że Disraeli był jedynie narzędziem Rotszyldów i że to właśnie Disraeli i Rotszyldowie sformułowali plan rozbicia Stanów Zjednoczonych poprzez wielką wojnę domową. Disraeli był tylko jedną z ich kreacji, którą wyciągnęli z nieznanego nikomu życia do sławy. Jego dziadek, Benjamin D'Israeli, przybył do Anglii w 1748 roku. Jego syn, Isaac D'Israeli, urodził się w 1766 roku i wkrótce stał się bolszewikiem. Jedno z jego dzieł nosiło tytuł „*Przeciwko handlowi*".

O swoim ojcu Disraeli powiedział: Żył wśród uczonych mężów. Tymi uczonymi mężami byli Nathan Rothschild i jego krąg. Nawiasem mówiąc, „El-Israeli" (D'Israeli?) to arabska nazwa pochodzenia tureckiego, używana na Bliskim Wschodzie do określenia osób pochodzenia żydowskiego. Prawdopodobnie rodzina jego ojca przybyła z Turcji do Włoch i najprawdopodobniej osiedliła się w Ankonie lub Cento. Isaac zajmował się pisarstwem i, podobnie jak wielu badaczy przed nim, często bywał w British Museum.

Był również importerem słomkowych kapeluszy, marmuru i ałunu, ale Isaac pragnął pisać.

W 1788 roku ojciec wysłał go na studia do Francji, Włoch i

Niemiec. W 1789 roku powrócił do Anglii i napisał „*Curiosities of Literature*", które opublikował socjalista John Murray. Książka odniosła sukces literacki i doczekała się trzynastu wydań.

Benjamin prawdopodobnie odziedziczył talent pisarski po ojcu. Urodzony w 1804 roku w rodzinie o skromnych dochodach, Benjamin został obrzezany w ósmym dniu życia zgodnie z żydowskim zwyczajem i wychowywał się w wierze żydowskiej. Chociaż był z tego dumny, można sądzić, że już w młodym wieku zdawał sobie sprawę, iż w kontekście sprawowania urzędu publicznego jego „żydowskość" będzie stanowić przeszkodę, ponieważ w ówczesnej Anglii Żydom nie wolno było z powodów religijnych przystępować do żadnej partii politycznej.

Jednak na polecenie Nathana Rothschilda, w wieku trzynastu lat Benjamin został ochrzczony 31 lipca 1817 roku jako chrześcijanin, aby mógł przeniknąć do angielskiego społeczeństwa i establishmentu politycznego, które w tamtym czasie były zamknięte dla Żydów na mocy ustaw Test Acts. Polecenie, jakie otrzymał od Nathana Rothschilda, polegało na przełamaniu wszelkich barier wobec Żydów.

Pewnego razu powiedział lordowi Melbourne, ministrowi spraw wewnętrznych: „Zostanę premierem Anglii", co Melbourne uznał za mrzonkę i rzecz niemożliwą. Oczywiście Melbourne nie wiedział wówczas o powiązaniach Disraeliego z rodziną Rothschildów. Najpierw jednak trzeba było zdobyć niezbędne środki finansowe. W wieku dwudziestu dwóch lat Disraeli zaczął „spekulować" na giełdzie papierów wartościowych, co było bardzo nieprawdopodobnym zajęciem dla człowieka, który zawsze był bez grosza.

Pewien Thomas Jones – najprawdopodobniej pseudonim – zainwestował na początek dwa tysiące funtów, a kwota ta wzrosła do dziewięciu tysięcy funtów – ogromnej sumy pieniędzy w tamtych czasach, by zainwestować w bez grosza przy duszy pisarza bez doświadczenia! Nie trzeba wielkiej wyobraźni, by dojść do wniosku, że „Thomas Jones" to Nathan Rothschild.

Podobnie jak w przypadku biografów Napoleona I, Bismarcka, Metternicha, marszałka Soult (który zdradził Napoleona pod Waterloo), Karola Marksa, Bombellesa, Lassalle'a, Hertza, Kiereńskiego i Trockiego, pochwały dla Disraeliego, dawnego nikogo, były hojne. J.G. Lockhart, zięć Sir Waltera Scotta, był poza sobą, gdy w 1825 roku napisał:

> Mogę szczerze powiedzieć, że nigdy nie spotkałem młodego człowieka o większym potencjale. Jest uczonym, pilnym studentem, głębokim myślicielem, wielką energią, równą wytrwałością, niestrudzoną pracowitością i prawdziwym człowiekiem biznesu. Jego znajomość ludzkiej natury i praktyczny charakter wszystkich jego pomysłów często mnie zaskakiwały u młodego człowieka, który ledwie przekroczył dwudziesty rok życia.

Inny zachwycony przyjaciel napisał:

> Nie miał żadnego tytułu, żadnych ważnych przyjaciół, żadnego majątku, ale był zdolnym uczonym, który olśniewał establishment swoją śmiałością koncepcji i błyskotliwymi sukcesami. Miał w sobie tę najwyższą pewność siebie, która jest równoznaczna z prawdziwym geniuszem. Nigdy nie okazywał zniechęcenia. Oczywiście!

Wspierany przez Nathana Rothschilda miał świat u swoich stóp. Gdyby tylko można było przepisać historię!

> Angielska arystokracja nie została zniszczona przez rewolucję „francuską" i pozostawała nieprzejednanie przeciwna Żydom, dopóki Disraeli, w imieniu Rotszyldów, nie pokonał jej. Disraeli był koniem trojańskim, wkradającym się do samego serca angielskiego społeczeństwa i jego establishmentu politycznego.
>
> (*Hrabia Cherep-Spiridovich i dokumenty British Museum*)

W grudniu 1922 r. *brytyjski Guardian* opublikował artykuł dr Johna Clarke'a, który warto zacytować:

> A jak ta potężna firma [Rothschildowie] rządzi zarówno rządem Francji, jak i Anglii, można wywnioskować z dwóch niedawnych wydarzeń. Francuski sekretarz poselstwa, M. Thierry z ambasady w Londynie, kilka miesięcy temu poślubił Żydówkę z klanu Rothschildów. A teraz ukryci mentorzy nowego „konserwatywnego" rządu Bonara Lawa [brytyjskiego premiera, który obiecał kontynuować politykę Disraeliego]
>
> , skłonili go do wysłania do Paryża jako ambasadora niedyplomatycznej „liberałki", markizy z Crewe, której żona jest córką Hannah Rothschild, hrabiny Roseberry. Oto mamy rzeczywistą podstawę ententy francusko-brytyjskiej — „R.F.", oznaczające Rothschild Freres, braci Rothschildów, obejmuje Imperium Brytyjskie, Republikę Francuską oraz większość innych republik i królestw między Moskwą, Angorą a Waszyngtonem.

Kto otworzył drogę do tak zadziwiających zmian na angielskiej scenie politycznej? Był to Disraeli, który „kontrolował" premiera Bonara Lawa. W książce *„Życie Disraeliego"* autorstwa Buckle'a autor nie daje żadnej wskazówki, kto stworzył Disraeliego:

> „Żadna kariera w historii Anglii nie jest bardziej niezwykła niż kariera Disraeliego i żadna nie była dotąd owiana większą tajemnicą".

W rzeczywistości nie było w tym żadnej „tajemnicy". Gdyby nie Nathan i jego syn Lionel Rothschild, Disraeli nigdy nie istniałby poza swoim małym, wąskim kręgiem rodzinnym. W latach 1832–1837 Disraeli miał poważne kłopoty z powodu niespłaconych długów. W kwietniu 1835 roku był zmuszony spędzać większość czasu w domu, aby „uniknąć schwytania przez wierzycieli", jak napisał w liście do Lady Henrietty Sykes, swojej kochanki.

W sierpniu 1835 roku Disraeli udał się do Bradenham, aby uciec przed wierzycielami. Jednym z nich był niejaki Austen, który groził, że każe go aresztować i wysłać do więzienia dla dłużników. W Bradenham próbował pisać swoją powieść „*Henrietta Temple*". W tym okresie jego długi przyćmiewały jego twórczość. W lipcu inny z jego wierzycieli, Thomas Mash, który naciskał na spłatę, stał się jeszcze bardziej natarczywy, a Disraeli, gdy już odważył się wyjść na zewnątrz, żył w strachu przed nieuchronnym aresztowaniem.

Będąc nieustannie pogrążonym w poważnych kłopotach finansowych, głęboko zadłużonym już w wieku dwudziestu lat i nieudolnym w staraniach o miejsce w Izbie Gmin – o co zabiegał w latach 1832–1837 – Rothschildowie, którzy obserwowali go od dziesiątego roku życia, uczynili go swoim „lokajem".

W liście do swojej siostry Sarah z 1849 roku Benjamin przyznał się do tego. Był to najgorszy okres finansowy w jego życiu. Był nękany przez wierzycieli i musiał stawić się przed sądem przysięgłych, gdy, jak napisał w liście do Sarah, „Mayer Rothschild niechcący wygadał się".

Disraeli nie „wyniósł Anglii na najwyższą pozycję", jak twierdzi Buckle. Zamiast tego przygotował Anglię do serii katastrofalnych wojen. Przerażał pokolenia Anglików swoimi kłamstwami o „wielkiej Rosji" jako niebezpieczeństwie i zagrożeniu dla Wielkiej Brytanii. Premier Gladstone oskarżył Disraeliego o kłamstwo. Czy był szczery w sprawie rzekomego rosyjskiego „zagrożenia"?

Lord Gladstone powiedział, że były tylko dwie rzeczy, które traktował „poważnie: swoją żonę i swoją rasę". Gladstone najwyraźniej nie wiedział, że Benjamin „poważnie" traktował Rothschildów, o których rzadko mówił, być może dlatego, że nikt, bez względu na swoją pozycję, nie mógł bezkarnie sprzeciwić się Rothschildom. Benjamin Disraeli był człowiekiem godziny dla Rotszyldów: Lionela, Mayera, Anthony'ego i ich rodzin, w tym Montefiorów. W liście do swojej siostry Sarah napisał, że po miesiącu miodowym odbyło się przyjęcie w domu pani Montefiore i „nie było tam ani jednego chrześcijanina".

Nie ulega wątpliwości, że Benjamin wykonał ogromną przysługę dla swoich mentorów, dostarczając im „informacji wywiadowczych" ze swojego wysokiego stanowiska.

Wiadomo, że to właśnie jedna z takich „misji szpiegowskich" pozwoliła Rothschildom na udzielenie lukratywnej pożyczki na budowę Kanału Sueskiego.

Opisywane jako „sukces" zaplanowany przez Disraeliego, fakty nie są aż tak proste. Dzięki swojej tajnej służbie „wywiadowczej" Disraeli dowiedział się, że kedyw Egiptu , Ishmail Pasza, chciał sprzedać swoje udziały w Compagnie Universelle de Suez.

Dzięki „informacjom wywiadowczym" dostarczonym przez kontrolę poczty sprawowaną przez rody von Thurn i Taxis, 15 listopada 1875 r. Disraeli został poinformowany w Kairze, że chedyw prowadzi negocjacje z dwoma francuskimi bankami w sprawie sprzedaży akcji. Disraeli natychmiast udał się do barona Lionela de Rothschilda, który zgodził się udzielić pożyczki rządowi brytyjskiemu na ten cel. Tajny plan został opracowany przez Lionela i Disraeliego i przedstawiony brytyjskiemu gabinetowi do zatwierdzenia 24 listopada. Nie wspomniano o umiejętnościach Lionela w tak szybkim działaniu, więc w oczach opinii publicznej pozostało to „posunięciem Disraeliego".

Ta relacja, zaczerpnięta ze zbioru dzieł generała majora hrabiego Cherep-Spiridovicha, w znacznym stopniu przyczynia się do obalenia mitów i legend, które powstały wokół życia i czasów Nathana Rothschilda, jego dalszych krewnych i ich rodzin, mieszkających w Londynie, oraz legendarnego Disraeliego.

ROZDZIAŁ 6

Benjamin Disraeli: główny szpieg Rotszyldów

Była to relacja dwustronna; Rothschildowie zawsze byli gotowi wyciągnąć Benjamina z kłopotów finansowych, szczególnie w latach 1835, 1849, 1857 i 1862, kiedy jego długi wynosiły kwotę, która dziś odpowiadałaby około 300 000 dolarów, a on nie miał środków na spłatę. Gdy ścigał go jego wróg, książę Portland, „pożyczył mu pieniądze" człowiek barona de Rothschilda, niejaki Philip Rose, który akurat przebywał w tym samym kurorcie i hotelu spa w Torquay w tym samym czasie co baron Rothschild. Można sądzić, że to Rose przekonał Rothschilda do pożyczenia pieniędzy, których potrzebował Disraeli. Położone na wschodnim wybrzeżu Anglii Torquay było modnym kurortem, szczycącym się eleganckimi hotelami i uzdrowiskami, często odwiedzanym przez członków rodziny królewskiej i ich świty. W liście do swojej siostry z grudnia tego samego roku Benjamin napisał:

> „Lubi dawać swoim przyjaciołom, a nie pożyczać, ponieważ nigdy nie pobiera ode mnie odsetek".

Proponuję przyjrzeć się historii niektórych z najbardziej znanych postaci świata i spróbować odkryć, jaką rolę odegrali w ich życiu Rotszyldowie. Z tego samego powodu przeanalizuję również rewolucje i wojny. Jest to zadanie nie lada wyzwanie, ale już dawno należało się nim zająć.

W historii establishmentu było tak wiele kłamstw, że kręci nam się w głowach i zastanawiam się, jak prawda może kiedykolwiek zostać ujawniona zwykłym ludziom na tym świecie, którzy musieli ponieść ciężar tych wstrząsów i nigdy nie dowiedzieli się, dlaczego musieli ponieść tak straszne ofiary. Oczywiście mają propagandowe wyjaśnienia, które zadowalają większość, ale dla myślącego człowieka nigdy nie wystarczyło tylko mówienie o „patriotyzmie", „miłości do ojczyzny", „zapewnianiu światu bezpieczeństwa dla demokracji" i prowadzeniu „wojny, która zakończy wszystkie wojny". Nie mogę cofnąć się zbyt daleko w historii, więc zacznijmy od niektórych z najbardziej wybuchowych wstrząsów, jakie dotknęły świat, począwszy od XVIII wieku i związanych z nimi osobistości, a następnie przejdźmy do XX wieku. Ograniczenia miejsca zmuszają mnie do skupienia się na bardziej istotnych aspektach tych wydarzeń.

Chociaż nie ma twardych dowodów na to, że Rotszyldowie byli zaangażowani w kataklizmiczną „rewolucję francuską", historycy skłaniają się ku przekonaniu, że stali za nią, działając poprzez niektórych ze swoich agentów. Ich dobrze znana nienawiść do chrześcijaństwa i pragnienie pozbycia się z Francji chrześcijańskiej monarchii, którą ono reprezentowało, były siłą napędową rewolucji. Uważa się, że to właśnie sprzeciw wobec chrześcijaństwa motywował Rotszyldów do podejmowania pośrednich działań mających na celu przeciwstawienie się mu przy każdej okazji.

Jedno wynika jasno z przeszłości: każda wojna toczona od tamtej pory miała na celu rozwój międzynarodowego socjalizmu, którego Rothschildowie byli zagorzałymi zwolennikami.

W dokumentach przechowywanych w British Museum stwierdza się, że Rotszyldowie byli głęboko zaangażowani we wszystkie powstania i wojny od 1770 roku. Istnieją pośrednie dowody na to, że jedna z gałęzi rodziny Rotszyldów była zaangażowana w finansowanie rewolucji francuskiej poprzez bank Mojżesza Mocatty, wuja sir Mojżesza Montefiore, którego brat, Abraham Montefiore, był żonaty z Jeanette, córką Mayera Amschela.

Syn Mayera Amschela, Nathan, poślubił w 1806 r. szwagierkę sir Mosesa Montefiore. Inna córka Abrahama Montefiore, Louisa, poślubiła w 1840 r. sir Anthony'ego Rothschilda.

Historia odnotowuje, że żydowskie domy bankowe Daniela Itziga, Davida Friedlandera, Herza Geribeera oraz Benjamina i Abrahama a Goldsmidta były głównymi finansistami „Rewolucji Francuskiej". Warto zauważyć, że spośród pięćdziesięciu ośmiu małżeństw zawartych przez potomków Mayera Amschela, dwadzieścia dziewięć i pół było między kuzynami w pierwszej linii.

Od 1848 roku tempo przyspieszyło. Marks ustalił, że wszystkie wojny muszą służyć rozwojowi międzynarodowego socjalizmu, a Lenin i Trocki zapisali to w doktrynie komunistycznej. Pierwsza wojna światowa została stoczona w celu ustanowienia bolszewizmu w Rosji, stworzenia „ojczyzny dla Żydów w Palestynie", zniszczenia Kościoła katolickiego i rozbicia Europy.

Pierwsza próba stworzenia jednego rządu światowego została podjęta pod przykrywką Ligi Narodów. Druga wojna światowa toczyła się w celu zniszczenia Japonii i Niemiec, ustanowienia ZSRR jako komunistycznej potęgi światowej oraz rozszerzenia zasięgu bolszewizmu na trzy czwarte świata. W następstwie tego wydarzenia Stany Zjednoczone zostały nakłonione do przyłączenia się do kolejnej próby stworzenia jednego rządu światowego, czyli Organizacji Narodów Zjednoczonych.

Druga wojna światowa zmieniła oblicze Stanów Zjednoczonych, które zostały zmuszone przez liczną grupę międzynarodowych socjalistów na stanowiskach władzy do odejścia od swojej konstytucji i republikańskiej formy rządów oraz do przyjęcia roli nowego rzymskiego imperium świata. Krótko mówiąc, Stany Zjednoczone zostały przekształcone z chrześcijańskiej republiki w mocarstwo imperialne, mające na celu podbój świata dla i w imieniu międzynarodowego socjalizmu.

Za tymi potężnymi zmianami stała władza, pieniądze i kierująca ręka Rotszyldów. Spróbuję prześledzić główne wydarzenia, które wywołały te i inne wojny.

W momencie, gdy rewolucja ogarnęła Francję, szlachta i duchowieństwo były liberalne wobec obywateli francuskich. Mieli oni swobodę pracy i wolność prasy, zgodnie z książką Louisa Diste'a „*Freemasonry and Terror*", w której autor twierdzi, że zostało to udowodnione w archiwach sprzed 10 sierpnia 1789 r. – wszystko, czego pragnął francuski naród w zakresie wolności, uwolnienia od nadmiernych podatków i wolności wyznania, zostało przyznane. Jeśli jest jedna rzecz, której nauczyłem się z historii, to jest to, że istnieje zła siła, która nienawidzi i walczy na śmierć i życie z wszelkimi formami wolności, swobody i sprawiedliwości dla zwykłych ludzi na świecie.

Za każdym razem, gdy ustanawiano taki system rządów, pojawiali się ci źli, tajni władcy i obalali te dobroczynne rządy za pomocą skrajnej przemocy i skrajnego okrucieństwa. Przykładem jest Rosja, gdzie car Aleksander II zgodził się na nową konstytucję.

Jego minister, Stołypin, uruchomił machinę, aby przyznać ziemię chłopom i znacjonalizować banki; Mikołaj zakazał wojen, grożąc, że „strzelać będzie do pierwszego, który strzeli", a carowie byli znani jako najbardziej kulturalni, wykształceni i łaskawi ludzie na świecie. Stołypin został okrutnie zamordowany przez rewolucjonistów bolszewickich, aby zapobiec wprowadzeniu w życie wolności i reform obiecanych przez cara.

4 sierpnia 1789 roku osiemdziesięciu trzech nieznanych mężczyzn, krzycząc „jesteśmy trzystoma" (tym samym nieumyślnie ujawniając ukrytą rękę swoich kontrolerów), zajęło ratusz w Paryżu.

Ratusz we Francji stanowi zazwyczaj centrum administracji cywilnej. Robespierre i Danton nie od razu przyłączyli się do krwawych zamieszek, które nastąpiły później. Stephane

Lausanne, redaktor *paryskiego* dziennika „*Le Matin*", napisał w artykule z 6 stycznia 1923 roku:

> My, Francuzi, wierzymy, że wiemy wszystko o siłach działających na naszej planecie. Nie wiemy jednak nic o ludziach, których imion masy nie potrafią nawet poprawnie przeliterować. Ci ludzie, potężniejsi od Cezara, a nawet Napoleona, rządzą losami świata. Rządzą głowami państw, kontrolują i podporządkowują sobie osobistości rządzące w , manipulują giełdami oraz wywołują lub tłumią rewolucje.

Oczywiście pisał o siedmiu Rothschildach i Komitecie 300 z . Nie wiedział jednak, że to Rothschildowie stworzyli i kontrolowali Napoleona jako swoje narzędzie, a także że pozbyli się go, gdy ten korsykański geniusz zdał sobie z tego sprawę i wszczął bunt, którego pierwszym przejawem było rozwód z żoną, Kreolką Josephiną. Philip Francis, pisząc w „*New York American*" pod tytułem „Trucizna w pucharze Ameryki", stwierdził:

> Nominalnie rządzimy sami sobą; w rzeczywistości rządzona jest przez oligarchię amerykańskiego oddziału Międzynarodowej Federacji Bankierów, Plunderbund. Rząd brytyjski jest kamuflażem, za którym światowi królowie pieniądza dotychczas ukrywali swoją wojnę ekonomiczną przeciwko masom ludowym.

Nie ma bezpośrednich dowodów na to, że Rotszyldowie byli zamieszani w wywołanie rewolucji francuskiej, ale istnieje wiele dowodów na to, że Mirabeau był członkiem *Les Amis Réunis*, podobnie jak jego partner, Talleyrand. Mirabeau i Talleyrand odkryli Napoleona, nieznanego oficera armii. Uważa się, że wiele szczegółów dotyczących rewolucji francuskiej zostało omówionych w pałacu landgrafa Hesji w Wilhelmsbadzie, gdzie, jak wiadomo, często gromadzili się czołowi masoni, co stanowi powiązanie z Mayerem Amschelem, który stał na czele „śmiertelnie tajnego konklawe poza masonami i nieznanego im", gdzie knuto spisek dotyczący rewolucji „francuskiej".

Istniał również związek z Adamem Weishauptem, założycielem iluminatów, poprzez Wilhelmsbad. *W książce „Rothschild Money Trust*" na stronie 17 stwierdza się:

> Przyznaje się również, jak twierdzą, że iluminaci odegrali główną rolę w wywołaniu krwawych dni 1789 roku, że zostali założeni i rzekomo finansowani przez Żydów oraz że wielki ród Rothschildów właśnie wtedy wznosił się na finansowe wyżyny. Istnieją dowody na to, że faktycznie była ona finansowana przez „wielki ród Rothschildów" i że rewolucja francuska została faktycznie wywołana przez Żydów. Był to ostateczny akt, który uwolnił Żydów od ich politycznych i obywatelskich ograniczeń we Francji.

Niestety dla historii, *The Rothschild Money Trust* nie podaje źródeł, które mogłyby potwierdzić twierdzenie, że rewolucja francuska była finansowana przez Rotszyldów.

W 1782 roku, po „przejęciu" ogromnej fortuny landgrafa Hesji-Kassel, Amschel wezwał Weishaupta, który w tym czasie żył jak żebrak. Weishaupt był wówczas człowiekiem niskiej rangi, walczącym o pieniądze na opłacenie nielegalnej aborcji, którą przeprowadzono na jego szwagierce. Po rozmowie z Amschelem Weishaupt pojawił się w Paryżu, dysponując milionami franków. „Sprowadził" co najmniej 30 000 najgorszego rodzaju przestępców i osadził ich w kryjówkach w Paryżu. To samo uczynił w Niemczech. Kiedy w 1789 roku zakończono wszystkie przygotowania i scena była gotowa, w Paryżu rozpętało się piekło. Według autora Pougeta St. Andre, kronikarza rewolucji, która wybuchła we Francji, Danton był Żydem, podobnie jak Robespierre, którego prawdziwe nazwisko brzmiało Ruban. Pouget St. Andre, autor książki *Les Auteurs de la Révolution Francaise*, postawił pytanie, na które do dziś nie ma odpowiedzi: dlaczego Konwent przelał tyle krwi? Mówi się, że rozlew krwi był spowodowany nienawiścią ludu wobec klasy uprzywilejowanej. Jak można wyjaśnić, że tylko 5% wszystkich skazanych stanowiła niewielka grupa straconych arystokratów? Dlaczego reformy kosztowały 4 miliardy franków i 50 000 głów, skoro Ludwik XVI oferował je już za darmo?

Ernest Renan w swojej pracy *La Monarchie Constitutionelle en France* napisał:

> Zabójstwo króla Ludwika XVI było aktem najohydniejszego materializmu, najbardziej haniebnym przejawem niewdzięczności i podłości, najgorszej nikczemności plebsu i zapomnienia o przeszłości. Ci, którzy skazali króla na śmierć, kierowali się wyłącznie żądzą krwi.

ROZDZIAŁ 7

Relacje z pierwszej ręki o okropnościach rewolucji francuskiej

Wszyscy, którzy wykonywali zadania tajnych stowarzyszeń i ich popleczników próbujących przejąć władzę we Francji, zostali później straceni, niektórzy w okropny sposób i z najwyższą okrucieństwem, w tym Danton i Robespierre, jak można sobie wyobrazić, aby uciszyć ich, na wypadek gdyby kiedykolwiek mieli ochotę ujawnić, kim byli ludzie stojący za rewolucją.

Morderstwo, wtedy jak i teraz, było ulubioną bronią stosowaną przeciwko tym, którzy próbowali pokrzyżować plany „300".

Lord Acton w swoim eseju o rewolucji francuskiej napisał:

> Przerażająca nie jest sama burza, ale jej zaplanowanie. Przez cały ten ogień i dym dostrzegamy ślady działania wyrachowanej organizacji. Jej przywódcy pozostają starannie ukryci i zamaskowani, ale od samego początku nie ma wątpliwości co do ich obecności.

Przejdziemy do konfliktu rosyjsko-japońskiego z 1904 roku, do tego, kto go wywołał, sfinansował i jakie były tego powody, ale na razie, na marginesie, zacytujemy to, co redaktor „*New York Evening Post*" powiedział 9 grudnia 1924 roku:

> Gdzieś za zasłoną propagandy złowrogie, niewidzialne ręce próbują zniszczyć pokojowe stosunki między Rosją a Japonią. Japonia nie chce wojny. Z pewnością Ameryka nie chce wojny. Dlaczego więc nieustannie słychać głosy, że

> Japonia jest wrogiem, którego należy obserwować, któremu nie można ufać, przeciwko któremu należy się uzbroić i z którym w końcu trzeba walczyć?

Spośród wszystkich postaci historycznych ostatnich trzech stuleci nikt nie jest bardziej znany niż Napoleon. Jednak niewiele mówi się o tym, jak z nieznanego nikomu stał się sławny.

Podobnie jak większość osób „adoptowanych" przez Rotszyldów, Napoleon był kompletnie spłukany, gdy Talleyrand przedstawił go Rotszyldom. Nie miał pieniędzy, by zapłacić rachunek za pranie, i miał tylko jedną koszulę. Jego mundur dostarczyła mu Józefina Beauharnais, którą później poślubił po tym, jak hrabia Paul de Barras odrzucił ją jako swoją kochankę.

W 1786 roku Napoleon był podporucznikiem, biednym, bardzo młodym oficerem bez grosza, chodzącym od drzwi do drzwi w poszukiwaniu zatrudnienia, aby uzupełnić swoją pensję. Był to czas, kiedy mieszkańcy Europy zmęczyli się hasłami „Wolność, Równość, Braterstwo". Amschel był rozczarowany, że Weishaupt osiągnął niewielkie postępy w walce z Kościołem, a zwłaszcza z Kościołem katolickim, i szukał „nowych talentów". Zapał i żarliwość Korsykanina zrobiły na Amschelu na tyle duże wrażenie, że zapewnił mu wystarczającą ilość pieniędzy, by mógł godnie żyć. H. Fischer w artykule opublikowanym w British Museum napisał:

> „W 1790 roku Napoleonowi udało się, stosując środki, które już wtedy uznano za nieuczciwe, zapewnić sobie wybór na zastępcę dowódcy całego batalionu".

Jak mu się to udało? Charles MacFarlane w swojej pracy „*The Life of Napoleon*" (którą przeczytałem w British Museum) rzucił nieco światła na tę „zdumiewającą drogę do władzy":

Augustine Robespierre, młodszy brat strasznego dyktatora, poznał a Bonapartego podczas zdobycia Tulonu w 1798 roku. Nie ulega wątpliwości, że nawiązał z nim bliskie stosunki, które miały wszelkie znamiona serdecznej przyjaźni z Augustinem, który miał być równie bezlitosny jak jego starszy brat. Według autobiografii Wolfa Tone'a (Barry 1893) Robespierre był iluminatem.

Napoleon, nominalny chrześcijanin, szybko wyczuł nienawiść do chrześcijaństwa, która płonęła w sercu Amschela, i dlatego uciekł się do udawania, aby zadowolić swojego nowego dostawcę pieniędzy. Zwrócił się przeciwko Kościołowi katolickiemu. Upokorzenie papieża było dla Amschela bardzo przyjemną perspektywą, a pieniądze zaczęły napływać do kieszeni Napoleona w coraz większych ilościach.

Tak właśnie wyjaśnia się jego „oszałamiający wzrost do władzy" i jego „zdumiewające sukcesy"! Jak to się mówi w dzisiejszym języku, pisarze i biografowie Napoleona nie zdołali podążać śladem pieniędzy.

Niepowodzenie Weishaupta w zniszczeniu Kościoła katolickiego, cel, dla którego został „stworzony" przez Amschela, było irytujące, ale kiedy zwrócono jego uwagę na Napoleona, całe zadanie zostało przeniesione na niego. Sposób, w jaki miało to zostać osiągnięte, został zaplanowany w lożach masońskich w Paryżu, które odwiedzał Talleyrand, oraz we Frankfurcie, gdzie bywał Amschel.

To Talleyrand powiedział Napoleonowi:

> Wojna jest jedynym sposobem, w jaki możesz zniszczyć Kościół.

Potwierdził to H.G. Wells, który nazwał korsykańskiego geniusza „niszczycielem (rewolucji), twardym, kompetentnym, zdolnym, posiadającym inicjatywę", ale nie wspomniał o jego finansowym sponsorze, bez którego ogromnych pieniędzy te cechy charakteru nie przydałyby mu się zbytnio.

Podobnie jak Kiereński, Trocki, Disraeli, Lloyd George i

Bismarck, Amschel przejął Napoleona, gdy ten nie miał żadnego znaczenia, i uczynił z niego najważniejszego człowieka w Europie.

Chociaż H. G. Wells narzekał, że Napoleon nie kontynuował rewolucji , nie o to chodziło. Kiedy Amschel doprowadził do mianowania Napoleona pierwszym konsulem dożywotnim znaczną większością głosów, scena była gotowa, by opuścić kurtynę nad Europą.

Dopóki Napoleon realizował misję wyznaczoną mu przez Amschela, czyli zniszczenie monarchii chrześcijańskich i Kościoła katolickiego, cieszył się szczęśliwym życiem, odnosząc jeden sukces za drugim. W British Museum znalazłem świetną książkę autorstwa Sidneya Darka, w której napisał on: „Jak wielki był Napoleon:

> Napoleon, urodzony bez żadnego majątku ani szlacheckiego pochodzenia, stał się władcą świata, zanim skończył 35 lat, a swoją karierę – będącą przykładem niezrównanej romantycznej niemożliwości – zakończył w wieku 46 lat.

Całkowicie pomija to siły stojące za Napoleonem, Amschela i jego miliony oraz planistów w lożach masońskich w Paryżu i Frankfurcie. 9 marca 1796 roku Napoleon poślubił Józefinę de Beauharnais, kobietę pochodzenia kreolskiego o nienasyconym apetycie seksualnym, która kiedyś zapłaciła za jego mundur.

Małżeństwo zostało zaaranżowane przez Rotszyldów za pośrednictwem hrabiego Paula de Barrasa, który mianował również Napoleona głównodowodzącym armii we Włoszech.

Józefa była kochanką de Barrasa, ale zmęczony nią, postanowił zakończyć ten związek, a aby uniknąć jej przysięgi zemsty, hrabia de Barras zaaranżował jej małżeństwo z Napoleonem, co trudno uznać za „romantyczny" wątek, jaki nadaje tej historii praktycznie każdy pisarz zajmujący się życiem i czasami Napoleona.

Józefinę pomogła de Barrasowi, przekazując mu poufne informacje, które otrzymała od męża, a które oczywiście trafiły prosto do Rotszyldów. Koronacja Napoleona w 1804 roku spotkała się z obojętnością Amschela, ale zaniepokoiło go zaproszenie papieża. Rothschildowie byli zaniepokojeni i rozgniewani, gdy Napoleon rozwiódł się z Józefiną i poślubił arcyksiężną Marię Luizę w 1810 roku. Rothschildowie zdali sobie sprawę, że odtąd będzie coraz mniej okazji do niszczenia królestw i rozbijania Kościoła katolickiego.

Od 1810 roku los Napoleona był przesądzony, a James Rothschild został oddelegowany do zadania zrujnowania ich dawnego bohatera.

Pełna historia stopniowego rozczarowania Napoleona, jego przebudzenie do świadomości, że nie walczył on dla Francji, ale raczej dla obcej potęgi, która chciała umocnić swoją władzę nad narodem jako niezbędną kontynuację rewolucji, oraz rola iluminatów i masonów w jego karierze, sprawiały, że był on coraz bardziej rozgniewany.

Przebudzenie następowało powoli i było bolesne, ale gdy tylko jego umysł otworzył się na prawdę, Napoleon zaczął buntować się przeciwko swoim kontrolerom. W swojej pracy „*Historia Napoleona*" G. Bussey pisze, że Napoleon się zmienił, stracił swoją zaciekłą żądzę wojny i oświadczył:

> Dzięki Bogu, jestem w pokoju ze światem.

Rothschildowie nie mieli już dalszego pożytku ze swojego dawnego narzędzia. Sfinansowali i utworzyli organizację o nazwie Liga przeciwko Napoleonowi. Mentorzy, których Napoleon zaczął zaniedbywać, zwrócili się teraz przeciwko niemu. Karl Rothschild pospieszył, by zniszczyć stosunki między papieżem a Napoleonem i bez wiedzy Napoleona nakazał aresztowanie Ojca Świętego, przeprowadzone przez generała Radeta. Papież zareagował aktem ekskomuniki przeciwko cesarzowi.

Napoleon próbował pozyskać papieża. Czuł, jak ziemia drży pod jego stopami, gdy wydarzenia, jedno po drugim, obracały się przeciwko niemu. Próba zamachu na niego przez agenta iluminatów Stappsa została udaremniona dzięki czujności generała Rappa.

Kampania rosyjska była nękana problemami z zaopatrzeniem i brakiem żywności. Napoleon nie rozumiał, że było to celowe sabotowanie jego armii. Został zmuszony do wydania rozkazu odwrotu z Moskwy, podczas którego tysiące żołnierzy umierających z powodu ran i zimna zostało bezlitośnie rozstrzelanych przez agentów Rotszylda nadciągających z tyłu.

Straty wśród chrześcijan były ogromne. Ponieważ nie udało się przekonać papieża, Napoleon zaczął się poważnie martwić, a jego pewność siebie malała. Zauważył to:

> Papieża można było pozyskać jako dodatkowy środek spajający zjednoczone części Imperium. Powinienem był zorganizować zarówno sesje religijne, jak i ustawodawcze. Moje rady składałyby się z przedstawicieli chrześcijaństwa, a następca św. Piotra byłby ich przewodniczącym.

Było już za późno, ponieważ Karl Rothschild zadbał już o to, by taki plan nie powiódł się. Żaden historyk nie potrafi wyjaśnić, dlaczego Napoleon zaatakował Rosję w 1812 roku. Istnieje wiele teorii, ale żadna z nich nie jest merytoryczna. Aleksander I powiedział o tym ataku:

> „Napoleon wypowiedział mi wojnę w najbardziej ohydny sposób i oszukał mnie w najbardziej zdradziecki sposób".

Ze swojej strony Napoleon powiedział generałowi Gourgaudowi:

> Nie chciałem prowadzić wojny z Rosją. Bassano i Champagny [ministrowie spraw zagranicznych] przekonali mnie, że nota Rosji miała być deklaracją wojny. Naprawdę myślałem, że Rosja chce wojny. Jakie były prawdziwe

> motywy kampanii w Rosji? Nie wiem, być może sam cesarz nie wiedział więcej niż ja.

Rothschildowie zrujnowali Napoleona w bitwie pod Waterloo. Został on zdradzony przez marszałka Soult, człowieka, z którym się zaprzyjaźnił, ale który był na usługach Rothschildów. Napoleon nadał Soultowi tytuł księcia Dalmacji z pensją w wysokości milionów franków i mianował go marszałkiem armii. Pod Waterloo Soult nie zdołał zdobyć i utrzymać Genappe, ważnej wioski, która miała stanowić oparcie dla skrzydła armii Napoleona.

Co gorsza, marszałek Grouchy, który miał dostarczyć posiłki, przybył 24 godziny za późno, mimo że słyszał wystrzały i wiedział, że bitwa się rozpoczęła. Napoleon gorzko narzekał na Soult:

> Soult, mój zastępca w Waterloo, nie pomógł mi tak bardzo, jak mógłby... Jego sztab, wbrew moim rozkazom, nie był zorganizowany. Soult bardzo łatwo się zniechęcał... Soult był do niczego. Dlaczego podczas bitwy nie utrzymał porządku w Genappe?

Co gorsza, rano w dniu bitwy wróg z osobistego sztabu Korsykanina dodał do jego śniadania substancję, która spowodowała u niego straszny ból głowy. Taka jest potęga Rotszyldów i fałszowanie historii; gdyby nie zdrada i zdradzieckie działania skierowane przeciwko niemu, Napoleon zdecydowanie pokonałby Bluchera i Wellingtona. Soult dobrze służył swoim panom; przyznali mu jedne z najwyższych stanowisk we Francji. Często sugerowano, że był ojcem Bismarcka, ale nigdy tego nie udowodniono. W pewnym momencie matka Bismarcka była kochanką Soult, co potwierdził sam Bismarck:

> To nie moje talenty ani zdolności uczyniły mnie wielkim, ale fakt, że moja matka była kochanką Soult, [jednego z 300], którzy wszyscy mi pomogli.

Bismarck został „stworzony" przez Rotszyldów za pośrednictwem rodziny Menkenów. Jego ojciec, Wilhelm, poślubił Louise Menken, o której hrabia Cherep-Spiridowicz twierdził, że była Żydówką. Marszałek Soult, który zdradził Napoleona pod Waterloo, był członkiem Komitetu 300 i piastował najwyższe stanowiska we Francji aż do śmierci.

Soult często bywał w wiejskiej rezydencji Williama Bismarcka i powszechnie uważano go za ojca młodszego Bismarcka. To właśnie ta „władza" nad matką Bismarcka sprawiała, że młody Bismarck pozostawał pod kontrolą Jamesa Rothschilda. W 1833 roku Bismarck przeżywał trudne chwile i groziła mu utrata majątku. Za pośrednictwem Disraeliego James Rothschild zaprzyjaźnił się z młodym Bismarckiem i starał się uczynić go „konserwatywnym" przyszłym przywódcą Europy. Oscar Arnim, członek Reichstagu, poślubił siostrę Bismarcka, Malian.

Po ślubie Bismarck znalazł się całkowicie pod wpływem Lionela Rothschilda. O tym, że Bismarck był tego świadomy, świadczy wypowiedź Waltera Rathenaua z 1871 roku:

> Tym, którzy uparcie traktowali Bismarcka jako wielkiego geniusza politycznego, człowieka przeznaczenia, naznaczonego, podobnie jak Napoleon, piętnem tragicznej predestynacji, Bismarck powtarzał, że nie wierzy w wielkich ludzi opatrznościowych; że zgodnie z jego przekonaniem polityczne sławy zawdzięczają swoją reputację, jeśli nie przypadkowi, to przynajmniej okolicznościom, których sami nie mogli przewidzieć.

ROZDZIAŁ 8

Bismarck ujawnia „wielkie potęgi finansowe Europy"

Bismarck z pewnością wiedział, że wojna secesyjna w Stanach Zjednoczonych została wywołana przez to, co nazywał „wielkimi potęgami finansowymi Europy". Potwierdza to niezwykła relacja opublikowana przez Conrada Siema w *La Vieille France*, nr 216, w marcu 1921 roku.

Według Siema, Bismarck rozmawiał z nim w 1876 roku na temat wojny secesyjnej:

> Podział Stanów Zjednoczonych na dwie federacje został ustalony na długo przed wojną secesyjną przez wielkie potęgi finansowe Europy. Ci bankierzy obawiali się Stanów Zjednoczonych, gdyby pozostały one jednym blokiem i jako jeden naród osiągnęły niezależność gospodarczą i finansową, co zachwiałoby ich dominacją nad światem. Przeważał głos Rotszyldów.
>
> Dostrzegli ogromną zdobycz, gdyby zastąpili energiczną, pewną siebie i samowystarczalną republikę dwiema słabymi demokracjami, które byłyby wobec nich zadłużone.
>
> Lincoln nigdy nie podejrzewał tych podziemnych intryg. Był przeciwnikiem niewolnictwa i jako taki został wybrany. Jednak jego charakter nie pozwalał mu być człowiekiem jednej partii. Kiedy miał sprawy w swoich rękach, dostrzegł, że ci złowrogi finansiści z Europy, Rotszyldowie, chcieli, by był wykonawcą ich planów. Sprawili, że rozłam między

Północą a Południem stał się nieuchronny! Mistrzowie finansów w Europie uczynili ten rozłam ostatecznym, aby wykorzystać go w pełni...

Osobowość Lincolna zaskoczyła ich. Myśleli, że łatwo oszukają kandydata-drwala. Jego kandydatura nie sprawiała im kłopotu. Ale Lincoln przejrzał ich intrygi i szybko zrozumiał, że to nie Południe jest najgorszym wrogiem, ale finansiści. Nie zwierzał się ze swoich obaw; obserwował ruchy Ukrytej Ręki. Nie chciał tego ujawniać publicznie, co mogłoby zaniepokoić nieświadome masy.

Postanowił wyeliminować międzynarodowych bankierów, ustanawiając system pożyczek, pozwalający stanom pożyczać bezpośrednio od ludzi, bez pośredników.

Nie studiował finansów, ale jego zdrowy rozsądek podpowiedział mu, że źródłem wszelkiego bogactwa jest praca i gospodarka narodu. Sprzeciwił się emisji pieniądza przez międzynarodowych finansistów. Uzyskał od Kongresu prawo do pożyczania od obywateli poprzez sprzedaż obligacji stanowych.

Lokalne banki z radością wsparły ten system, a rząd i naród uniknęli intryg zagranicznych finansistów. Od razu zrozumieli, że Stany Zjednoczone wymkną się z ich uścisku. Postanowiono zabić Lincolna. Nic nie jest łatwiejsze niż znalezienie fanatyka, który to zrobi. Śmierć Lincolna była katastrofą dla chrześcijaństwa.

W Stanach Zjednoczonych nie było człowieka wystarczająco wielkiego, by dorównać mu. Międzynarodowi finansiści ponownie ruszyli, by zagarnąć bogactwa świata. Obawiam się, że dzięki swoim bankom, przebiegłości i okrutnym sztuczkom całkowicie opanują ogromne bogactwa Ameryki i wykorzystają je do systematycznego niszczenia współczesnej cywilizacji. Obawiam się, że nie zawahają się pogrążyć całego chrześcijaństwa w wojnach i chaosie, aby ziemia stała się ich dziedzictwem.

(Chciałbym powtórzyć, że przygotowania do tej pracy obejmowały dziesięć miesięcy intensywnych badań nad tym konkretnym tematem w British Museum. Książki, z których cytowane są źródła, takie jak *„Rozmowy z Napoleonem na Świętej Helenie*" oraz *„Propaganda w następnej wojnie*" (Prop*aganda in* the *Next War*), a także dzieła Johna Reevesa – i wiele innych wymienionych – mogą już nie być dostępne).

Rosja wzbudzała szczególną nienawiść u Rotszyldów, którzy sprzeciwiali się rodzinie Romanowów. Córka Tiesenhausa, wybitnego niemieckiego historyka, napisała, że podzielała nieufność ojca wobec cara:

> ... Jednak po spotkaniu z nim, podobnie jak wielu innych, była pod wrażeniem szczerości, energii i szlachetności charakteru Aleksandra. Wrażenie to przerodziło się w lojalną i oddaną przyjaźń. (Cesarz Aleksander – pani de Choiseul-Guffress)

Według hrabiego Cherep-Spiridovicha Nathan Rothschild próbował wywołać rewolucję w Rosji, ale nie udało mu się to, a Lionel wyznał Disraeliemu, że została ona przygotowana w Niemczech:

> „Główni agenci Jamesa Rothschilda III zostali zmobilizowani przeciwko carowi Mikołajowi I, aby sprowokować wojnę w na Krymie, ale nie byli w stanie wygrać, więc w 1855 roku otruły Mikołaja I." (British Museum Papers, *Hidden Hand*, strona 119)

W tych doniosłych wydarzeniach Disraeli odegrał dużą rolę, czy to jako „spowiednik", czy doradca Rothschildów. O tym, jak Rothschildowie przejęli kontrolę nad Marią Luizą, opowiada pani Edith E. Cuthell w swojej książce *An Imperial Victim*: W grudniu 1827 roku Maria Luiza, wdowa po Napoleonie I, zaciągnęła u Rothschilda pożyczkę w wysokości dziesięciu milionów franków.

22 lutego 1829 roku straciła męża, hrabiego Neipperga, co

pozostało tajemnicą dla wszystkich historyków.

Książę Metternich, który był zwykłym „urzędnikiem" Salomona Rothschilda z Wiednia, powiedział Bombellesowi, innemu protegowanemu Rothschildów, że potrzebuje człowieka, który mógłby pokierować słabym charakterem Marii Luizy. Bombelles stał się powiernikiem Marii Luizy, a następnie poślubił ją.

Rothschildowie mieli teraz pełną kontrolę nad wdową po Napoleonie dzięki Bombellesowi, który zdobył jej serce, gdy była jeszcze hrabiną Niepperg.

Według autora Edmonda Rostanda, Bombelles był niezwykle przystojny. Pisząc o Bombellesie, pani E. E. Cuthwell opisuje go w ten sposób:

> Ma jeszcze większe ambicje. Swoim łagodnym głosem szeptał kobietom do ucha. Bombelles pragnął poślubić pannę Cavanaugh, która miała pieniądze. Osiągnął swój cel. Jego żona zmarła, pozostawiając mu swoje serce w ołowianej szkatułce. On je pochował. Rok później darzył desperacką miłością inną bogatą dziedziczkę, która jednak go odrzuciła. (*An Imperial Victim*, strona 321)

Po śmierci Marie Louise Bombelles został mianowany kontrolerem cesarza Austrii.

> W Parmie krążyły plotki, że zmarła z powodu otrucia, i rozprzestrzeniły się one dalej." (Strona 373)

Hrabia Cherep-Spiridovich opowiada, co działo się później:

> Bombelles, wspierana przez Salomona i jego sekretarza, Metternicha, została mianowana „wychowawczynią" przyszłego cesarza Austrii, Franciszka Józefa. Bombelles była główną sprawczynią najstraszliwszej zdrady, podłości i okrucieństwa Austrii, które zaczęły zadziwiać cały świat od 1848 roku, kiedy to Franciszek Józef, mając zaledwie osiemnaście lat, został cesarzem de iure, a Bombelles była

> „siłą stojącą za tronem", przyjmującą i wykonującą rozkazy Rothschilda. Ich pierwszym czynem było złamanie słowa danego Mikołajowi I, który postawił jako warunek sine qua non ułaskawienie węgierskiego generała Sheezeny'ego i innych. Franciszek Józef ich udusił, gdy tylko wojska rosyjskie opuściły Austrię. (*Hidden Hand*, strona 123)

Rothschildowie byli nie tylko lichwiarzami, ale także spekulantami. Największym obszarem ich zainteresowań była budowa linii kolejowych w Europie i Rosji, do której się przyczepili i której się trzymali . W jednej z relacji na temat tego przedsięwzięcia, zawartej w dokumentach British Museum, James Rothschild zmusił Francję do przyjęcia finansowania dla jej Północnej Kolei:

> Rząd podjął się zobowiązania do wydania 100 milionów franków na budowę torowiska. James zgodził się wydać 60 milionów na zakup wagonów kolejowych itp.
>
> Przez 40 lat otrzymywał rocznie 17 milionów franków dochodu, czyli 620 milionów odsetek plus kwotę główną w wysokości 60 milionów. W ramach przedsięwzięcia Rotszyldowie wykorzystali 60 milionów franków należących do swoich deponentów, za które płacili im 4% odsetek, czyli 2 400 000 franków rocznie, uzyskując w ten sposób 14 600 000 franków rocznie za swoje poręczenie. *„Journal des Débats"*, aby oszukać naród, stwierdził w lipcu 1843 r., że Rothschild błaga o przywilej zrujnowania się. Prasa francuska pełniła rolę agenta prowokatora już pięćdziesiąt lat przed skandalem panamskim. Rothschildowie za wszelką cenę pożądali tej bogatej zdobyczy, jaką były koleje. W pewnym momencie rząd przeszedł okres uczciwości i miał czelność powstrzymać ich agresję.
>
> W 1838 r. M. Martin z firmy kolejowej „North" zaproponował parlamentowi sieć linii kolejowych, które miałyby zostać zbudowane przez państwo. Gdyby plan pana Martina, oparty na dwóch filarach – bankowości monopolistycznej i transporcie – został zatwierdzony przez

parlament, finansowa lojalność zostałaby zniweczona już w zarodku. Jednak Rotszyldowie, poprzez kontrolowaną przez siebie prasę, znaleźli sposób na przejęcie kolei. W 1840 r. linie zachodnie i południowe zostały przyznane Rotszyldom i Fouldom.

(Rodzina Fouldów to międzynarodowi bankierzy, którzy zostali strategicznie umieszczeni we Francji, aby wykonywać polecenia Rotszyldów). Do 1845 roku wszystkie wielkie linie należały do tych dwóch firm. Jednym z najbardziej wnikliwych reporterów zajmujących się Rothschildami był John Reeves, który napisał książkę „*The Rothschilds—The Financial Rulers of Nations*" (*Rothschildowie – finansowi władcy narodów*). Poniższe komentarze zaczerpnięte z tej książki pokazują, jak wnikliwy i przenikliwy w odgarnianiu zasłony tajemnicy otaczającej Rothschildów był Reeves, którego obserwacje dotyczące Nathana a Rothschilda są prawdopodobnie bezkonkurencyjne:

> Wielkość pozostawionego przez niego majątku zawsze pozostawała tajemnicą. Biznes mieli prowadzić czterej synowie Nathana we współpracy z wujami za granicą. Każdej ze swoich córek pozostawił 500 000 dolarów, które miały przepaść, jeśli wyjdą za mąż bez zgody matki i braci.
>
> Nie pozostawił żadnego spadku swoim pracownikom ani darowizn na cele charytatywne... Po raz pierwszy Nathan pomógł rządowi angielskiemu w 1819 roku, kiedy to zaciągnął pożyczkę w wysokości 60 milionów dolarów. W latach 1818–1832 Nathan udzielił ośmiu pożyczek na łączną kwotę 105 400 000 dolarów.
>
> Z Hiszpanią lub państwami Ameryki Południowej, które wcześniej uznawały hiszpańską flagę, nigdy nie chciał mieć nic wspólnego. Niektórzy historycy tłumaczą to hiszpańską inkwizycją. Jedną z przyczyn jego sukcesu była zawiła polityka, dzięki której wprowadzał w błąd tych, którzy go obserwowali.
>
> W 1831 roku Nathan Mayer przejął kontrolę nad kopalniami

> rtęci w Idrii w Austrii, a jednocześnie nad podobnymi kopalniami w Almedenie w Hiszpanii. W ten sposób cała rtęć, niezbędna w medycynie, znalazła się w jego rękach, a on podwoił i potroił jej cenę. Miało to straszliwe konsekwencje dla chorych i cierpiących we wszystkich krajach...

Innym rzetelnym kronikarzem rodziny Rothschildów był M. Martin, którego książka „*Stories of Banks and Bankers*" zawiera kilka interesujących faktów. Nathan nigdy nie płacił swoim pracownikom ani grosza więcej niż było to konieczne do ich utrzymania, a przynajmniej ani grosza więcej, niż zmusili go do zapłacenia.

Pisząc o Lionelu Rothschildzie, Reeves zamieścił następujące uwagi w swojej książce, na stronach 205–207:

> Lionel skupiał się wyłącznie na umacnianiu swojej ogromnej fortuny. Jego przedsięwzięcia charakteryzowała wielka ostrożność . Lionel był szczególnie aktywny w negocjacjach dotyczących pożyczek zagranicznych, ponieważ ten biznes, jednocześnie lukratywny i stosunkowo wolny od ryzyka, był tym, który preferował ponad wszystkie inne. W ciągu swojego życia jego firma była zaangażowana w emisję nie mniej niż osiemnastu pożyczek rządowych, o łącznej wartości siedmiuset milionów dolarów. Wchodzenie w szczegóły tych transakcji oznaczałoby przedstawienie historii finansowej Europy.

Aby zrozumieć, w jaki sposób Rothschildowie osiągnęli sukces, zwłaszcza w swojej specjalnej dziedzinie, jaką było udzielanie pożyczek rządom Europy, a nawet świata, przeanalizowałem prace Johna Reevesa, do którego książki często się odwoływaliśmy i do której będziemy się odwoływać w dalszej części niniejszej pracy, a także źródła zawarte w dokumentach przechowywanych w British Museum.

ROZDZIAŁ 9

Często pomijany aspekt niewolnictwa Murzynów w Ameryce

Zanim przejdę do kwestii udanych operacji pożyczkowych w Ameryce, prowadzonych przez Rotszyldów, poruszę temat niewolnictwa, który pojawił się w ostatnich latach. Niektórzy twierdzą, że potomkowie Murzynów powinni otrzymać rekompensatę za cierpienia, jakie dotknęły ich przodków.

Jest to ważna kwestia, biorąc pod uwagę fakt, że Rotszyldowie wykorzystali niewolnictwo jako pretekst do wywołania wojny secesyjnej. Pomysł ten miał pochodzić od Benjamina Disraeliego, Lionela i Jamesa, którzy zasiedli do kolacji po ślubie córki Lionela, na który wszyscy Rotszyldowie zebrali się w Londynie. Według hrabiego Cherep-Spiridovicha:

> ...Rothschildowie wywołali wojnę secesyjną.

Chociaż spory między Południem a Północą trwały od 1812 roku, wojna mogłaby nigdy nie wybuchnąć, gdyby nie ukryta ręka Rotszyldów.

Poprzez manipulowanie i podsycanie emocji spór stał się przyczyną wojny, mimo że Południe zaczynało zdawać sobie sprawę, że niewolnictwo nie jest ekonomiczną korzyścią.

Niewolnictwo nigdy nie powinno było być dozwolone w Stanach Zjednoczonych, ale niestety tak się stało. Istnieją różne rodzaje niewolnictwa. W Europie ubodzy żyli w niewoli skrajnej biedy i poniżenia. W Anglii i Irlandii sytuacja wyglądała bardzo podobnie . Ubodzy żyli w strasznych warunkach. Ich synowie byli wcielani do sił zbrojnych, a miliony z nich straciły życie.

Brytyjscy generałowie, zwłaszcza lord Douglas Haig, byli znani z braku troski o poniesione przez nich ciężkie straty. W Irlandii miliony ludzi zmarły z głodu. Chociaż niewolnictwo powinno być powszechnie potępiane, to jednak tolerowano je w Ameryce, ale w porównaniu z tym ubogie klasy społeczne Europy, Irlandii i Anglii cierpiały równie wielkie trudności, jak niewolnicy w Ameryce.

Kiedyś pojawiły się wątpliwości, czy niewolnicy w Ameryce chcieliby zamienić się miejscami z niewolnikami w Irlandii i Anglii. Jednak ukryta ręka kwakrów i „abolicjonistów" nieustannie podsycała falę oszczerstw przeciwko Południu, aż demony, które sprowokowały całą sprawę niewolnictwa, osiągnęły swój cel.

Murzyńscy niewolnicy w Ameryce nie byli na ogół poddawani tak przerażającym warunkom. Tak więc, gdy analizujemy czasami przesadzone opisy niewolnictwa w Ameryce, spisane, głoszone i wyjaśniane przez abolicjonistów i kwakrów, musimy przyznać, jeśli jesteśmy bezstronni, że w porównaniu z biednymi w Europie i Wielkiej Brytanii, amerykańscy murzyńscy niewolnicy byli traktowani znacznie lepiej:

> Na początku ^{XIX}wieku Wielka Brytania, z powodu błędnych zasad rządzenia oraz ślepego i nieświadomego rozwijania handlu i przemysłu, sprawiała wrażenie państwa pędzonego ku skrajnym i sprzecznym ekstremom.
>
> Chwaląc się posiadaniem najwolniejszej konstytucji w Europie, Anglia skrywała jednak największą tyranię; posiadając nieograniczone bogactwa, pozwalała jednak ubogim chłopom w Irlandii umierać z głodu, podczas gdy niedostatek i nędza panujące w Londynie wśród klas robotniczych były tak wielkie i nie do opisania, że groziły wybuchem zamieszek i buntu.

> Trudności znoszone przez klasy uboższe pogłębiał haniebny stan naszego systemu politycznego. Moralność była na uboczu; łapówki i intrygi były na porządku dziennym. Myśli wszystkich były skierowane ku całkowitemu zapomnieniu o cierpieniach innych.
>
> Korupcja była tak powszechna, że zagrażała niezależności Korony i okręgów wyborczych. (Sir William Molesworth)
>
> W 1797 roku angielskie banki znalazły się w bardzo kłopotliwej sytuacji, głównie w wyniku żądań rządu, który co roku pożyczał miliony na wojnę i na wsparcie połowy mocarstw kontynentalnych w formie dotacji. (John Reeves, *The Rothschilds*, strona 162)

Wydaje się, że nawet Rotszyldowie nie mogli uwierzyć w swoje szczęście. Postać „Sidonia", stworzona przez Disraeliego w jego powieści *Coningsby* i oparta w rzeczywistości na Nathanie Rotszyldzie, powiedziała:

> Czy może być coś bardziej absurdalnego niż to, że naród zwraca się do pojedynczej osoby o utrzymanie swojej wiarygodności kredytowej, a wraz z nią swojego istnienia jako imperium? (Strona 248)

To bardzo trafnie opisywało bankierów Rothschildów i ich wpływ na rząd brytyjski poprzez rozległe pożyczki.

Nic dziwnego, że prezydent Garfield powiedział kiedyś: „Kto kontroluje pieniądze, ten kontroluje ten naród". Potomkowie Rotszyldów kontynuowali tę tradycję. Na przykład Lionel Rotszyld sfinansował przedsięwzięcie brytyjskiego rządu związane z Kanałem Sueskim. Jest więcej niż prawdopodobne, że bez wsparcia finansowego Lionela Kanał Sueski mógłby nie zostać wykopany.

To właśnie Lionel Rothschild wyłożył 20 milionów dolarów, które rząd brytyjski zapłacił za ziemię zakupioną od Khedive'a . Jednak, podobnie jak w przypadku wszystkich swoich przedsięwzięć, Lionel zażądał i uzyskał wysoki zwrot – 500 000 funtów za kilka podpisów, których złożenie zajęło mu nie więcej niż kilka godzin.

Znacznie wcześniej Mayer Amschel uznał, że wysłanie syna Nathana do Anglii, gdzie osiadł on w Manchesterze, przyniesie korzyści rodzinie Rothschildów. Według sir Thomasa Buxtona powód, dla którego Amschel zdecydował się wysłać Nathana do Manchesteru, został już częściowo wyjaśniony w niniejszym tekście.

W 1789 roku wielu angielskich producentów wysłało do Frankfurtu człowieka, aby zaoferował ich towary. Sztuczka Rotszyldów polegała na zatrzymaniu go na dłużej, a następnie złożeniu mu największego zamówienia w Niemczech.

W międzyczasie Nathan został wysłany do Manchesteru, gdzie kupił całą dostępną bawełnę i barwniki. Kiedy przedstawiciel wrócił do Manchesteru z zamówieniami, producenci musieli zwrócić się do Nathana o te materiały, a on kazał im zapłacić potrójną cenę, a nawet odmówił sprzedaży towaru, zmuszając ich w ten sposób do zapłacenia jego ojcu ogromnych „odszkodowań". Następnie zaniósł bawełnę i barwniki do niektórych producentów, a oni wyprodukowali dla niego towar po najniższej cenie. Ta podła sztuczka zrujnowała wielu ludzi w Manchesterze.

To grabieżowe zachowanie wywołało ogromne oburzenie w Manchesterze. Nathan przestraszył się i uciekł do Londynu, gdzie londyńska giełda papierów wartościowych stanowiła dla niego większe pole do eksploatacji. W późniejszych latach żaden z członków giełdy nie mógł się pochwalić, tak jak Nathan, że w ciągu pięciu lat pomnożył swój kapitał 2500 razy. (John Reeves, *The Rothschilds*, strona 167)

Inny powód, dla którego Nathan nagle wyjechał do Londynu, podano w dokumentach, o których mowa w British Museum:

Powodem było również to, że Wilhelm IX z Hesji-Kassel (1785–1821) został przekonany przez Amschela do przeniesienia swoich interesów w Londynie z banku van Nottena w ręce Nathana. Oczywiście „przypadkowo" cała grupa frankfurckich iluminatów udała się wraz z Nathanem do Londynu, aby spróbować zrobić tam to samo, ale Brytyjczycy byli zbyt sprytni, by dać się oszukać .

Kiedy Francja najechała Niemcy, Wilhelm IX [zwany odtąd elektorem] przekazał Amschelowi 3 000 000 dolarów, które ten wysłał do Nathana w Londynie, aby zapobiec ich wpadnięciu w ręce Napoleona. Właśnie w tym momencie Kompania Indyjska posiadała 4 000 000 dolarów w złocie. Nathan kupił je i podniósł ich cenę. Zmonopolizował rynek złota w Londynie. Układ ten przetrwał do dziś, a nawet obecnie N. M. Rothschild ustala cenę złota codziennie rano, a „fixing" Rothschildów jest uznawany za „oficjalną" cenę złota na całym świecie.

On [Nathan] wiedział, że książę Wellington go potrzebuje. Nathan kupił również weksle księcia z dużym dyskontem. Rząd poprosił Nathana o pożyczkę ze złota, a on przetransportował je do Portugalii. Nathan pożyczył swoje złoto i zostało ono zwrócone, ale wymusił spłatę weksli księcia w pełnej wartości. W ten sposób zarobił 50%. Następnie ponownie pożyczył swoje złoto za 15% i otrzymał je z powrotem, a następnie przetransportował do Portugalii, pobierając ogromną prowizję.

Książę potrzebował tego złota, aby zapłacić dostawcom swojej armii, którzy byli w większości portugalskimi, hiszpańskimi i holenderskimi Żydami z . W ten sposób Wellington nie otrzymał ani jednego funta złota, a jedynie zlecenia dla agentów Nathana w Portugalii, którym płacił Rothschild we Frankfurcie. Operacja ta przyniosła Nathanowi 100% zysku. W ten sposób Rothschildowie osiągnęli kolosalne zyski dzięki pieniądzom landgrafa, ale całą zysk zatrzymali dla siebie. (Maria O'Grady i John Reeves)

Jak wspomniałem wcześniej, potomkowie Mayera Amschela stali się najpotężniejszymi ludźmi na świecie. Jednym z przykładów, który być może bardziej niż jakikolwiek inny potwierdza prawdziwość tej obserwacji, jest relacja o tym, jak James Rothschild pokonał Mikołaja I w Rosji. Wszystko zaczęło się od rosyjskiego rewolucjonisty, Hertzena:

> Znany pisarz Aleksander Hertzen, jeden z pionierów (podżegaczy) rosyjskiego ruchu rewolucyjnego, został zmuszony do opuszczenia kraju. (W rzeczywistości został zmuszony do ucieczki z Rosji zaledwie kilka godzin przed przybyciem policji). Przybył do Londynu, gdzie założył rosyjską gazetę o nazwie „The Bell". Hertzen był jednak bogatym człowiekiem, który przed wyjazdem na wygnanie zamienił swój majątek na obligacje rządowe. Rząd rosyjski znał numery obligacji Hertzena, a kiedy zostały one przedstawione do wypłaty po przybyciu wygnańca do Londynu, Mikołaj I, mając nadzieję, że w ten sposób zniszczy swojego wroga, nakazał bankowi rządowemu w Sankt Petersburgu odmówić wypłaty.
>
> Bank oczywiście wykonał polecenie. Na szczęście dla Hertzena znalazł on orędownika w osobie starszego Rothschilda. Ten poinformował cara, że skoro obligacje Hertzena są tak samo dobre jak wszelkie inne rosyjskie obligacje, to niechętnie zmuszony jest stwierdzić niewypłacalność rządu rosyjskiego.
>
> Gdyby obligacje nie zostały natychmiast spłacone , ogłosiłby on bankructwo cara na wszystkich europejskich rynkach pieniężnych. Mikołaj został pokonany. Schował swoją dumę do kieszeni i spłacił obligacje. Sam Hertzen opowiada tę historię w *książce „The Bell"* pod tytułem „Król Rothschild i cesarz Mikołaj I". (*The Fortnightly Review,* autor: dr A. S. Rappaport, strona 655)

Z tych relacji widać, jak bardzo legenda o Amschelu Rothschildzie, który dorobił się fortuny jako lombardzista, traci na znaczeniu w obliczu rzeczywistości, a jednak mit, że lombard był początkowym źródłem bogactwa Rothschildów, trwa nadal. Można teraz stwierdzić jako fakt, że twierdzenie to ma bardzo niewielkie, jeśli w ogóle jakieś, uzasadnienie.

Omawiając Lionela pod fikcyjnym imieniem „Sidonia", Disraeli podał wiele wskazówek dotyczących prawdziwego charakteru swojego pana:

> „Nie dało się go rozgryźć. Jego szczerość ograniczała się wyłącznie do pozorów. Obserwował wszystko, choć był nadmiernie ostrożny, ale unikał poważnych dyskusji. Był człowiekiem pozbawionym uczuć".

Według Johna Reevesa:

> ...Bracia Rothschild, w pełni świadomi jego wybitnych zdolności intelektualnych, chętnie uznali Nathana Mayera za najbardziej odpowiednią osobę do kierowania wszystkimi ich ważnymi transakcjami. (*The Rothschilds,* strona 64)

Jednym z najciekawszych spośród wielu interesujących faktów, które odkryłem w British Museum w Londynie, jest historia założycieli tego, co miało stać się jedną z największych machin propagandowych, jakie kiedykolwiek znano na świecie. Mam na myśli Instytut Stosunków Międzyludzkich Tavistock, który stał się czołowym think tankiem zajmującym się praniem mózgu brytyjskiej elity rządzącej. Instytut Tavistock rozrósł się do ogromnej organizacji, która dziś dominuje w Stanach Zjednoczonych i Wielkiej Brytanii. Ta rozległa organizacja powstała w 1914 roku w Wellington House w Londynie, wraz z wybuchem I wojny światowej.

Zadanie zorganizowania machiny propagandowej, która przekonałaby niechętny naród brytyjski do postrzegania wojny z Niemcami jako niezbędnej dla przetrwania brytyjskiego stylu życia, nie było łatwe, ponieważ w tamtym czasie większość ludzi nie miała ochoty na wojnę z Niemcami i istniał wobec niej zdecydowany sprzeciw. Kierownictwo nad przedsięwzięciem propagandowym powierzono lordowi Northcliffe'owi i lordowi

Rothmere'owi. W rzeczywistości obaj mężczyźni byli bezpośrednio spokrewnieni z Rothschildami poprzez małżeństwo.

Jedną z trzech córek Nathana Rothschilda II była Charlotte, urodzona w 1807 roku, która poślubiła swojego kuzyna Anselma Salomona, syna Salomona, drugiego dziecka Amschela i Caroline Stern z frankfurckiej rodziny Sternów. Rodzina Sternów była bezpośrednio spokrewniona z angielską rodziną Harmsworthów, z których jeden został „lordem Northcliffe", a drugi „lordem Rothmere".

Aby uzyskać szczegółowe informacje na temat Instytutu Tavistock, przeczytaj: The Tavistock Institute of Human Relations: Shaping the Moral, Spiritual, Cultural, Political and Economic Recline of the United States of America. (2006)

Jacob (James) Rothschild był bez wątpienia najważniejszą postacią z rodziny Rothschildów we Francji, praktycznie tworząc kariery wielu francuskich polityków i przywódców, którzy zawdzięczali mu swoje stanowiska. Przeszedł długą drogę od trzynastoletniego chłopca, który prawie nie chodził do szkoły, a zamiast tego towarzyszył ojcu, Mayerowi Amschelowi, w licznych podróżach po Niemczech.

Tam zetknął się z ograniczeniami nakładanymi na Żydów, którzy przekraczali granice księstw, zmuszonych do płacenia za każdym razem Liebzoll, podatku pogłównego. James zawsze pragnął opuścić Frankfurt i podążyć za swoim bratem Nathanem do Londynu, ale zamiast tego Amschel wysłał go do Paryża. Opuścił Frankfurt i udał się do tego miasta w marcu 1811 roku. Jego przybycie do Paryża nie umknęło uwadze ministra finansów Molliena, który zgłosił to Napoleonowi: „Mężczyzna z Frankfurtu, który obecnie przebywa w Paryżu i nazywa się Rotschild (sic), zajmuje się głównie przemytem gwinei z wybrzeża angielskiego do Dunkierki".

Francois-Nicholas Comte Mollien był głównym doradcą

Napoleona, pełniącym funkcję ministra finansów w latach 1806–1814.

Przybycie Jamesa musiało być ważnym wydarzeniem dla Napoleona, który nie mógł wiedzieć, jak wielką rolę James Rothschild odegra w jego upadku, a oczywiście Rothschildowie zajmowali się czymś więcej niż tylko przemytem, chociaż ta działalność była dla nich powszechnym i bardzo lukratywnym biznesem. Kiedy Brytyjczycy zablokowali Francję, Mayer Amschel uznał to za świetną okazję do zrobienia fortuny i tak też się stało – w złocie.

W wieku dwudziestu dwóch lat James był raczej nieatrakcyjnym młodym mężczyzną o niemal służalczych manierach. Niektórzy z jego współczesnych nie byli dla niego zbyt łaskawi. Castellane, który wraz z Mirabeau i Clement-Tonnerrre należał do paryskiej arystokracji, uważał Jamesa za strasznie brzydkiego, mimo że był on Adonisem wśród Rothschildów. (*Baron James*, Anka Muhlstein, strona 61)

Inni byli jeszcze bardziej surowi:

> Potworna twarz, najpłasksza, najkrępsza i najstraszniejsza z twarzy płazów z przekrwionymi oczami, opuchniętymi powiekami i śliniącą się paszczą przypominającą skarbonkę, swego rodzaju satrapa złota – oto Rothschild. (Goncourts, *Journal* Paris 1854, tom III, 7)

James wytyczył swój kurs w Paryżu w 1814 roku, kiedy zwrócił się do Sądu Gospodarczego o przyjęcie rejestracji jego domu bankowego.

Wcześniej pełnił jedynie funkcję przedstawiciela „centrali" we Frankfurcie. Nie zmieniło to jednak silnych powiązań między nim, Londynem i Frankfurtem; raczej sformalizowało je i zapewniło mu wyższy status w Paryżu. Rozpoczął on teraz działalność w zakresie poboru podatków dla francuskiego skarbu państwa i zaangażował się w szeroko zakrojone pożyczki pieniężne.

Kiedy losy króla uległy zmianie, a wraz z restauracją monarchii (100 dni Napoleona) nie miało znaczenia, kto stał na czele spraw, wszyscy byli zobowiązani wobec Jamesa Rothschilda.

Wydawało się, że potrafił zmieniać strony bez utraty twarzy czy wpływów.

Koniec Napoleona pod Waterloo, zaaranżowany przez jego brata Nathana z Londynu, przyniósł w następstwie bardzo dochodowe relacje z królem Ludwikiem, którego powrót do władzy Rothschildowie umożliwili, pożyczając niezbędny kapitał. Podkopanie pozycji Napoleona i jego rządu było dziełem Rothschildów, którzy teraz cieszyli się korzyściami płynącymi z Restytucji.

Ledwo skrywana niechęć Napoleona do Żydów przyczyniła się do jego upadku. Rothschildowie żyli w strachu przed Napoleonem po tym, jak odmówił on ataku na chrześcijańskich królów i narody. Gdy znów zapanował pokój, pożyczki bankowe stały się największą i najlepszą okazją do zarobienia pieniędzy, a Rothschildowie w pełni to wykorzystali.

ROZDZIAŁ 10

Nathan Rothschild spłaca francuskie długi

Rząd francuski musiał uregulować swoje reparacje wojenne i w tym celu potrzebował pożyczyć pieniądze. Pożyczając Ludwikowi XVIII pieniądze potrzebne do triumfalnego, ale godnego powrotu, Nathan Rothschild zapewnił Jamesowi „miejsce pod słońcem". Kwota ta miała wynosić 5 milionów franków.

Zgodnie z naukami starego Mayera Amschela, Nathan nie robił nic za darmo. Jego planem dotyczącym pożyczki było zmuszenie króla do otwarcia drzwi dla Jamesa, aby ten mógł dostać się do wyższych sfer społeczeństwa, na czele których stał książę Richelieu, premier Paryża.

Początkowo Richelieu stawiał opór, ale nie miał pojęcia, jak wytrwały potrafi być Nathan. Dużą presję wywierali na niego markiz d'Osmond, ambasador Francji w Londynie, oraz ambasador Austrii, hrabia Esterhazy, którzy obaj byli głęboko zadłużeni u Nathana. W końcu, choć niezwykle zirytowany tak niestosowną presją, de Richelieu zgodził się przyjąć Jamesa. Na tym się jednak nie skończyło.

Następnie James zyskał przychylność komendanta policji Decazesa, dostarczając mu „specjalne informacje", które otrzymywał od niemieckiej rodziny von Thurn und Taxis, posiadającej koncesję pocztową. Po prostu otwierali oni korespondencję interesującą dla Rotszyldów, a następnie przekazywali jej treść Jamesowi w Paryżu, Nathanowi w

Londynie lub Mayerowi we Frankfurcie. Warto zauważyć, że rodzina von Thurn und Taxis należy do Komitetu 300. Przekazanie tak uzyskanych informacji Decazesowi zamiast de Richelieu, do którego powinny były trafić , przyniosło podwójną korzyść. W zamian Decazes informował Jamesa o wszelkich planowanych działaniach antyżydowskich lub intrygach politycznych skierowanych przeciwko jego bankowi.

Wraz z poszerzaniem się kręgu ważnych osób, James uznał, że potrzebuje domu bardziej odpowiadającego jego statusowi, takiego, w którym mógłby przyjmować gości w wystawnym stylu, jakiego od niego oczekiwano. Znalazł taki dom w rezydencji przy Rue La Fitte, która wcześniej należała do królowej Hortensji, a jeszcze wcześniej do paryskiego bankiera o nazwisku Laborde, który w 1794 roku padł ofiarą gilotyny. Hortensja, córka cesarzowej Józefiny, została królową Holandii po ślubie z bratem Napoleona, Ludwikiem.

Remont i odnowienie domu kosztowały Jamesa fortunę; niektórzy twierdzili, że rachunki wyniosły ponad trzy miliony franków. Po zakończeniu prac w 1834 roku stał się on tematem rozmów całego miasta.

Heinrich Heine, niemiecko-żydowski filozof komunistyczny, książę Orleanu i książę Leopold z Coburga byli częstymi gośćmi na błyskotliwych wieczorkach organizowanych przez Jamesa.

Kiedy książę Metternich i jego świta, w tym błyskotliwy Prusak Friedrich von Gentz, który cieszył się zaufaniem wielkiego człowieka, przybyli do Paryża, James zorganizował przyjęcie, które mogło rywalizować z wszystkim, co widziano w Paryżu od czasu powrotu króla. Nawet potężny książę Wellington nie odważył się odrzucić zaproszenia Jamesa, gdy ten odwiedził Paryż.

James patronował von Gentzowi i wykorzystywał jego słabość do kobiet, wielu kobiet, zapewniając mu pieniądze na „dogodnych warunkach", jak to dziś nazywamy. Von Gentz miał wszystkie kobiety, na jakie tylko miał ochotę, a także wiele innych luksusów, na które dotychczas nie mógł sobie pozwolić. W ten sposób James stał się „właścicielem" von Gentza.

> Pałac Jamesa stał się magnesem dla wszelkiego rodzaju polityków, a w szczególności dla tych, którzy otwarcie popierali komunistów i socjalistów z ruchu . Jedną z takich osób był Ludwig Borne, zdecydowany zwolennik idei, że wszyscy królowie Europy powinni zostać zdetronizowani i zastąpieni przez Jamesa, z wyjątkiem Ludwika Filipa, który miał zostać koronowany w Paryżu, tak aby ceremonia koronacyjna została przeprowadzona nie przez papieża, ale przez Jamesa Rothschilda. (*Notre Dame de la Bourse*, 22 stycznia 1832 r.)

> Jak wspomniano wcześniej, osobą, którą patronował James Rothschild, był Heinrich Heine, niemiecki poeta, który opuścił ojczyznę i osiadł w Paryżu – nie jest pewne, czy po to, by być blisko Rothschilda, czy z powodów politycznych. Heine był zdeklarowanym komunistą i najprawdopodobniej znajdował się na niemieckiej policyjnej liście wywrotowców, co mogło być jednym z powodów, dla których osiadł w Paryżu. Rothschild pomagał Heine'owi na niezliczone sposoby, w tym nie tylko finansowo. Heine postrzegał Jamesa jako rewolucjonistę i chwalił go za to, że był „jednym z pierwszych, którzy dostrzegli wartość Crémieux...". To właśnie pan von Rothschild odkrył Emile'a Pereire'a, Pontifex Maximus kolei. (Olivia Maria O'Grady)

Nie do końca tak było, jak odkryłem, gdy przyjrzałem się kwestii zysku, która skłoniła Jamesa do zainwestowania w nową modę. Pereira był młodym Żydem sefardyjskim zatrudnionym przez Jamesa do codziennego nadzorowania prac budowlanych. Przez cały ten czas James i Nathan nie odeszli daleko od sztuczek handlowych, których nauczył ich Mayer Amschel, a mianowicie, by nigdy nie tracić z oczu celu, że pieniądze są wszystkim.

Jedną z wielu ofert, jakie otrzymali James i Nathan, była rola oficjalnych agentów odpowiedzialnych za wypłaty dla austriackich żołnierzy stacjonujących w Colmar w Alzacji. Rothschildowie otrzymali ten kontrakt, oferując cenę niższą od wszystkich konkurentów z . Biznes ten był ryzykowny, ponieważ wiązał się z transportem monet przez tereny pełne bandytów, co wymagało kosztownego ubezpieczenia. Zamiast transportować fizyczne monety, James zorganizował, by w lokalnych bankach zdeponowano kredyty Rothschildów, z których wypłacano żołnierzom wynagrodzenie. Eliminując ryzyko, James i Nathan byli w stanie zgarnąć znaczne prowizje.

Stało się to podstawą nowego biznesu – transfer środków pieniężnych na całym kontynencie oraz do Londynu odbywał się teraz w ten sposób, a Rothschildowie mieli na tym monopol.

Aby dać czytelnikom choćby niewielki wgląd w ogromną władzę, jaką sprawował James, opowiem o następującej sprawie, która stała się jedną z jego *głośnych spraw* i pokazała, jak daleko sięgało jego potężne ramię. Pewien ksiądz, ojciec Thomas, wraz ze swoim sługą zaginął w Damaszku w kwietniu 1840 roku. Podejrzewano morderstwo, a podejrzani, którzy akurat byli Żydami, zostali aresztowani, po czym przyznali się do morderstwa.

> Światowe środowisko żydowskie natychmiast gwałtownie zaprotestowało, twierdząc, że aresztowani Żydzi są niewinni, a ich zeznania zostały wymuszone torturami. James i Salomon natychmiast wywarli wspólną presję na monarchę, a Salomon skłonił księcia Metternicha z Austrii do podjęcia działań.
>
> Konsul austriacki von Laurin złożył protest u Mohammeda Alego, informując bezpośrednio Jamesa i Salomona o podjętych działaniach. Konsul francuski w Damaszku, będący jednak na miejscu zdarzenia, miał zupełnie inne zdanie na temat morderstwa i oskarżonych, a sytuacja polityczna była napięta; Ludwik Filip nie odważył się ryzykować nieuzasadnionego wsparcia Żydów przeciwko chrześcijanom. List Jamesa do Salomona ma duże znaczenie. Wyraźnie ujawnia on metody stosowane za kulisami przez

Rothschildów z u w celu wywierania presji na rządy i kształtowania opinii publicznej: Moje wysiłki niestety nie przyniosły jeszcze pożądanych rezultatów. Rząd działa w tej sprawie bardzo powoli; pomimo godnych pochwały działań konsula austriackiego, ponieważ sprawa jest zbyt odległa, by wzbudzić wystarczające zainteresowanie opinii publicznej. Jedyne, co mi się dotychczas udało osiągnąć, to, jak podano w dzisiejszym wydaniu „Monitora", doprowadzenie do wydania polecenia wicekonsulowi w Aleksandrii, by zbadał postępowanie konsula w Damaszku.

Jest to jedynie środek tymczasowy, ponieważ wicekonsul jest podwładnym konsula , więc nie ma uprawnień, by pociągnąć go do odpowiedzialności za jego działania. W takich okolicznościach jedynym pozostałym środkiem jest stosowana tutaj wszechmocna metoda zwrócenia się o pomoc do gazet i w związku z tym opublikowaliśmy dzisiaj szczegółowy opis oparty na raportach konsula austriackiego przesłanych do „Debates" i innych gazet, a także zadbaliśmy o to, by ten opis ukazał się w podobnym stopniu szczegółowości w *„Algemene Zeifung"* z Augsburga.

Z pewnością opublikowalibyśmy listy, które otrzymałem od pana von Laurina w tej sprawie, gdybyśmy nie uważali, że można to uczynić jedynie po uzyskaniu uprzedniej zgody Jego Wysokości księcia von Metternicha.

Z tego powodu, mój drogi bracie, będąc przekonany, że chętnie dołożysz wszelkich starań w tej słusznej sprawie, proszę Cię, abyś zwrócił się do księcia z prośbą o zezwolenie na publikację tych listów. Łaskawe uczucia, jakie książę wyraził w związku z tym smutnym wydarzeniem, dają nam pewność, że prośba ta nie zostanie odrzucona.

Kiedy otrzymasz upragnione pozwolenie, błagam cię, mój drogi Salomonie, abyś nie publikował listu od razu wyłącznie w *„Osterreicher Beobachter"*, ale był tak miły i przesłał go natychmiast wraz z krótkim listem przewodnim do *„Augsburger Zeitung"*, aby dotarł on do opinii publicznej również za pośrednictwem tego medium. (*The Untold*

History, hrabia Cherep-Spiridovich)

Niektórzy z ważnych mężów stanu, których Rothschildowie mieli pod swoją kontrolą, zaczęli martwić się o swoją władzę i wpływy.

Jednym z nich był książę Metternich, który znajdował się pod ścisłą kontrolą Salomona Rothschilda i był przez niego traktowany jedynie jako „lokaj" rodziny Rothschildów. Po oddaniu znacznej części suwerenności Austrii Metternich zaczął mieć poważne wątpliwości:

> Z przyczyn naturalnych, których nie mogę uznać za dobre ani moralne, ród Rothschildów ma znacznie większy wpływ na sprawy francuskie niż ministerstwo spraw zagranicznych jakiegokolwiek kraju, z wyjątkiem być może Anglii. Wielką siłą napędową są ich pieniądze. Ludzie, którzy liczą na filantropię i muszą tłumić wszelką krytykę pod ciężarem złota, potrzebują go bardzo dużo. Fakt korupcji jest traktowany dość otwarcie, ten praktyczny element, w pełnym tego słowa znaczeniu, we współczesnym systemie przedstawicielskim.

Metternich zbyt późno zdał sobie sprawę, że sprzedając Austrię, grał na rękę międzynarodowym rewolucjonistom, a kiedy ogień rewolucji zaczął płonąć , pomimo swojej wysokiej rangi, książę Metternich musiał uciekać z Wiednia za pieniądze pożyczone od Salomona Rothschilda.

Historycy wątpią, czy Metternich kiedykolwiek miał pojęcie o siłach rewolucyjnych, które nieumyślnie pomógł wyzwolić. Według dokumentów w British Museum światowa rewolucja zaczęła nabierać tempa w 1848 roku, rozpoczynając się na Sycylii w styczniu tego roku.

> Wielkie miasta Europy wydawały się poruszone falami podniecenia. Zamieszki rozprzestrzeniły się na Neapol. W Paryżu nad barykadami rozwinięto czerwoną flagę. Socjalistyczni rewolucjoniści poprowadzili robotników i

> studentów do krwawego buntu 22 lutego 1848 r., a Guizot podał się do dymisji. (Olivia Maria O'Grady)

Mówi się, że James Rothschild przecenił króla Ludwika Filipa, sądząc, że jest on przychylny ideom rewolucyjnym.

Według profesora Williama Langera, profesora historii na Uniwersytecie Harvarda... Republikanie i inni radykałowie zaakceptowali Ludwika Filipa jako monarchę rewolucyjnego, by zbyt późno odkryć swój błąd.

Jest to zaskakujące, ponieważ James Rothschild był znany jako bardzo bystry znawca ludzkich charakterów i osoba potrafiąca odczytywać sytuację polityczną jak mapę drogową. Nie można tego stwierdzić z całą pewnością, ale marszałek Soult, bliski przyjaciel Nathana Rothschilda, który utworzył rząd wraz z księciem Brioglie, Thiersem i Guizotem, przy czym dwaj ostatni reprezentowali wyraźnie konserwatywne skrzydło polityczne, mógł mieć z tym coś wspólnego.

W 1830 r. we Włoszech i w Polsce rozpoczęły się żądania robotników podburzonych przez Marksa i jego Międzynarodówkę Socjalistyczną, którym rządy tych krajów nie sprostały. Radykalne zamieszki i przemoc trwały we Francji w 1831 r.:

> W listopadzie 1831 r. z trudem stłumiono wielkie powstanie robotnicze w Lyonie. Następnie nastąpiło gwałtowne rozprzestrzenianie się tajnych stowarzyszeń. W ramach systemu wolności prasy król był bezlitośnie atakowany, a w radykalnych gazetach bezlitośnie karykaturowany, zwłaszcza przez Honorare'a Daumire'a. W 1834 r. w Paryżu i Lyonie miały miejsce wielkie bunty, które zostały stłumione z wielką surowością. W 1845 r. radykalny Fieschi podjął próbę zamachu na Ludwika Filipa, ale nie powiodła się ona. Następnie, w 1836 r., król powołał rząd kierowany przez swojego osobistego przyjaciela, pułkownika Louisa Mole'a, z przywódcą centroprawicy Guizotem; ten jednak połączył siły z Partią Centroprawicy i obalił Mole'a. (*The Untold*

> *History*, John Reeves)

Kontynuując *The Untold History*:

> Działalność rewolucyjna przed 1848 r. zmusiła takich ludzi jak Karol Marks i Fryderyk Engels oraz Ludwik Napoleon Bonaparte do wygnania z kontynentu. Anglia była dla nich schronieniem. W 1848 r. powrócili na kontynent, aby wziąć udział w rewolucjach. 24 lutego 1848 r. wydawało się, że karta praw, konstytucja i rządy parlamentarne zostały nagle wstrzymane.
>
> W całym Paryżu nie widziałem ani jednego członka milicji, ani jednego żołnierza, ani jednego żandarma, ani jednego policjanta. Tymczasem wszystkie wyższe klasy ogarnął prawdziwy strach. Nie sądzę, by kiedykolwiek w trakcie rewolucji (1789–1794) strach ten był aż tak wielki. (Victor Hugo, *Choses vues*, strona 268)

James pozostał tam przez kilka dni i został zauważony przez Feydeau, jednego z członków Gwardii Narodowej:

> Około południa zobaczyłem dwóch panów, idących ramię w ramię, którzy spokojnie wyszli z Rue de la Paix i kierowali się w stronę Tuileries. Jednego z nich rozpoznałem jako barona de Rothschilda. Szybko podszedłem do niego. „Messeur le Baron", powiedziałem, „wydaje się, że nie wybrał pan zbyt dobrego dnia na spacer. Myślę, że lepiej byłoby, gdyby pan wrócił do domu, zamiast narażać się na kule świszczące we wszystkich kierunkach".
>
> Ale baron zapewnił go, że jest bezpieczny i że jest potrzebny w Ministerstwie Finansów. Ludwik Napoleon miał zostać najpierw prezydentem Francji, a następnie cesarzem; Marks i Engels przyłączyli się do założenia Ligi Komunistycznej, a potem, po niepowodzeniu rewolucji, powrócili do Anglii, podczas gdy inni, między nimi Joseph Wedermeyer, wyemigrowali do Stanów Zjednoczonych... (Olivia Maria O'Grady)

Po bitwie pod Sedanem i pojmaniu Napoleona III przez Prusaków (wrzesień 1870 r.) Paryż, mylnie uważając się za serce, mózg i inne organy narodu francuskiego, a resztę Francji za zacofaną, prymitywną, można by rzec niemal barbarzyńską przybudówkę, przeszedł serię rewolucji (w imię Francji), których kulminacją była Komuna Paryska z 1871 r., która posłużyła jedynie do rzucenia narodu na kolana przed wrogiem i wystawienia go na jego pogardę. Cytując profesora Langera:

> W latach 1840–1847 Guizot stał się postacią dominującą. Guizot został premierem w 1847 r. i pozostał u władzy do 1848 r., kiedy to zrezygnował. Zamieszki uliczne doprowadziły do rewolucji lutowej.

Kontynuując relację z wydarzeń z 1848 r., na podstawie dokumentów i akt przechowywanych w British Museum oraz książek *L'Alliance France-Allemande* et *Les Forces Titanique, The Rothschilds* autorstwa Johna Reevesa oraz relacji Olivii Marii O'Grady:

> W Paryżu nad barykadami rozwinięto czerwoną flagę. Marksistowscy i rewolucjoniści z poprowadzili robotników i studentów do krwawego buntu 22 lutego 1848 roku, a Guizot podał się do dymisji. Oddziały zaatakowały rewolucjonistów na barykadach, wywołując wśród ludności szał podniecenia. 24 lutego Gwardia Narodowa i pułki liniowe przeszły na stronę buntowników. Siedemdziesięcioczteroletni Ludwik Filip uciekł z kraju.
>
> Marks i Engels przygotowali się do osobistego przejęcia kierownictwa nad rewolucją... Marksowi powierzono pełnię uprawnień rewolucyjnych... Lamartine i Arago poprosili żydowskiego bankiera Michaela Goudchauxa o przyjęcie rewolucyjnego teki finansów. Bankier zgodził się. Caussidere, prefekt barykad, poprosił Jamesa Rothschilda o pożyczkę na opłacenie swoich rewolucyjnych pomocników. James chętnie się zgodził. (Strony 218–219)

Po opisaniu, w jaki sposób Marks i Engels przejęli kontrolę nad różnymi frakcjami rewolucyjnymi i zorganizowali bunt w Niemczech, O'Grady napisał:

> Na początku kwietnia Marks i Engels opuścili Paryż i udali się do Niemiec, gdzie płomienie rewolucji wyprzedziły ich. Święty Sojusz rozpadł się w dymie i ogniu Wiednia, a książę Metternich uciekł z miasta dzięki pieniądzom pożyczonym od Salomona Rothschilda. (Strona 219)
>
> James Rothschild przekazał Ledru-Rollinowi siedemset pięćdziesiąt tysięcy franków na wsparcie rewolucji 1848 roku. Mówi się, że został do tego zmuszony pod groźbą Rollina, który zagroził spaleniem Pałacu Rothschildów przy Rue Lafitte. W ciągu trzech dni walk ulicznych w czerwcu 1848 roku zwyciężył Louis Eugene Cavalgnac; natychmiast przejął uprawnienia dyktatorskie i został mianowany przez Zgromadzenie Narodowe przewodniczącym Rady Ministrów. Dzięki swobodnemu dysponowaniu dużymi sumami pieniędzy Rothschild zyskał przychylność nowych władz we Francji i czuł się u Cavalgnaca tak samo swobodnie, jak u Ludwika Filipa. Wkrótce zaczęto mówić, że był równie dobrym republikaninem, jak wcześniej monarchistą.

Francuska Part*ia* Robotnicza uznała go za jednego ze swoich. Redaktor naczelny radykalnego napisał:

> Jest pan cudem! Pomimo osiągnięcia pełnoletności Ludwik Filip upadł, Guizot zniknął, monarchia konstytucyjna i metody parlamentarne poszły w zapomnienie; pan jednak pozostaje niewzruszony. Gdzie są Aragon i Lamartine? Są skończeni, ale pan przetrwał. Książęta bankowości idą na likwidację, a ich biura są zamknięte.
>
> Wielcy kapitanowie przemysłu i przedsiębiorstwa kolejowe chwieją się... tylko pan wśród tych ruin pozostaje niewzruszony.
>
> Chociaż pański dom odczuł pierwsze wstrząsy przemocy w Paryżu, chociaż skutki rewolucji ścigają pana od Neapolu

> przez Wiedeń aż po Berlin, pozostaje pan niewzruszony w obliczu ruchu, który dotknął całą Europę. Bogactwo zanika, chwała upada, a panowanie zostaje złamane, ale Żyd, monarcha naszych czasów, utrzymał swój tron.

Komuna Paryska była pierwszym rządem komunistycznym w Europie. O rodzinie Rothschildów O'Grady pisze:

> Ich niesamowita kontrola nad nieograniczonymi zasobami pieniędzy zburzyła dla Rotszyldów wszelkie bariery. Blask wielkiego bogactwa zwiększał ich prestiż społeczny wszędzie. Potężni, wielcy królowie, książęta i premierzy zabiegali o ich przychylność.
>
> Budowali pałace i zabawiali „właściwych ludzi" z królewską wspaniałością, która przyćmiewała sprawy państwowe monarchów. Świat leżał u ich stóp, a sprawa Żydów w Europie zyskiwała na znaczeniu. Jak ogromna była ich fortuna, pokażemy w dalszej części.

ROZDZIAŁ 11

Francja przetrwała komunistyczne ataki

Zostawiając to doniosłe wydarzenie za sobą, przejrzałem dokumenty dotyczące Francji z późniejszych lat, aby sprawdzić, czy ta tendencja się utrzymała, i okazało się, że tak właśnie było. Po sukcesie Komuny Paryskiej komuniści podjęli kolejną próbę w 1871 roku, po podpisaniu tymczasowego pokoju wersalskiego z Bismarckiem. We wrześniu 1870 roku klęska Napoleona III pod Sedanem była ciosem, którego Imperium Francuskie nie przetrwało.

4 września tłum ponownie próbował przejąć Paryż, tak jak to miało miejsce wcześniej, gdy James Rothschild częściowo sfinansował rewolucję, ale 19 września armie niemieckie, które pokonały Francuzów pod Sedanem, wkroczyły do Paryża i otoczyły miasto.

Komuniści nie byli w stanie utrzymać swojej ofensywy, a Paryżowi pozostało pożywienia tylko na osiem dni. 28 stycznia 1871 r. Paryż skapitulował przed armią niemiecką. Oddziały francuskie zostały rozbrojone, a forty zajęte. Bismarck zezwolił na przeprowadzenie wyborów i zażądał wypłacenia Niemcom odszkodowania w wysokości pięciu miliardów franków. Od marca do maja 1871 r. marksistowska Gwardia Narodowa, której Bismarck nie zdołał rozbroić, przejęła 417 armat i zamordowała generałów Lecomte'a i Thomasa.

Międzynarodówka odegrała wiodącą rolę w Gwardii Narodowej poprzez Loeba, Cohena, Lazare'a, Leviego i oczywiście Karola

Marksa.[1] Regularne oddziały zostały zmuszone do odwrotu i pozostawienia Paryża w rękach marksistowskiej Międzynarodówki Socjalistycznej. Wspierane przez armię niemiecką oddziały francuskie zaatakowały barykady w Paryżu i przełamały opór komunistów. Jednak zanim atak regularnych oddziałów francuskich i niemieckich złamał siłę tłumu dowodzonego przez zbuntowaną Gwardię Narodową, komuniści dokonali straszliwych represji. W Fort Vincennes zamordowano sześćdziesięciu siedmiu niewinnych zakładników.

Arcybiskup Darboy został zastrzelony jak pies, podobnie jak wielu jego księży. Wybitni obywatele również zostali rozstrzelani bez sądu. Miało to miejsce nawet wtedy, gdy oddziały Trzeciej Republiki wkraczały do miasta.

20 maja 1871 r. komuniści oblali benzyną wszystkie dzielnice Paryża znajdujące się pod ich oblężeniem, podpalając wszystkie budynki publiczne i większość nieruchomości prywatnych, w tym domy. Tuileries, Ministerstwo Finansów, Palais Royal, Ministerstwo Sprawiedliwości, ratusz i komenda policji zostały podpalone i spłonęły doszczętnie.

> Cudem okazała rezydencja rodu Rothschildów i jej bezcenne zbiory pozostały nietknięte. Jak zawsze wcześniej, ród Rothschildów wyszedł z niebezpieczeństw wojny 1870–1871 i Komuny Paryskiej finansowo niewzruszony i nadal jako niekwestionowani panowie Europy. Po raz kolejny Rothschildowie pokazali, że są w stanie przenieść swoją lojalność z monarchii i obdarzyć nią z równą oddaniem Trzecią Republikę.

Alfonse Rothschild oczywiście wycofał się do Wersalu i wynajął pokój w Hotelu des Reservoirs, gdzie mieszkał przez cały czas

---

[1] Wszyscy oni byli Żydami. *Red.*

trwania – walk, grabieży i terroru rewolucji.

Cytowane fragmenty pochodzą z pracy Olivii Marii O'Grady, dzieł profesora Langera oraz z książki Johna Reevesa „*The Untold Mystery*".

Warto zauważyć, że podczas gdy najbardziej radykalna część tłumu pozostała, by mordować swoje nieszczęsne ofiary, przywódcy Komuny Paryskiej wymknęli się z miasta i udali się do Anglii, Szwajcarii i Ameryki Łacińskiej. Komuna Paryska, która dobiegła końca, upadła w szale krwiożerczości. Nie ma wątpliwości, że ogromna suma pieniędzy potrzebna do prowadzenia Komuny (trwała ona zaledwie dwa miesiące) musiała pochodzić od Rothschildów.

> Przywódcy Komuny wydali 42 miliony franków, co w tamtych czasach stanowiło ogromną sumę pieniędzy. Nawet przy najbardziej rozrzutnym wydawaniu trudno sobie wyobrazić, jak mogliby wydać aż jedną trzecią tej kwoty. Oznacza to, że około 25 milionów franków zniknęło w nieznanym kierunku, prawdopodobnie do Szwajcarii, a być może w bagażu szefa Banku Francji, a raczej jego zastępcy, markiza de Poleis, który towarzyszył Beslayowi w podróży do Szwajcarii, gdy ten otrzymał przepustkę umożliwiającą opuszczenie kraju po stłumieniu Komuny. (The Untold History, John Reeves) Ogólne przekonanie w tamtym czasie było takie, że Beslay, który został mianowany do Banku Francji przez Komunę Paryską (innymi słowy, pośrednio przez Rothschildów), uratował dla nich pieniądze, a Rothschildowie załatwili przepustki.

W każdym razie Komuna Paryska przyniosła wstyd i hańbę mieszkańcom Francji oraz doprowadziła ruch socjalistyczny do upadku. Warto zauważyć, że wstępny traktat pokojowy z Wersalu został częściowo wynegocjowany przez Alfonsa Rothschilda, syna Jamesa Rothschilda. Alfonso zakończył negocjacje finansowe z Bismarckiem i zgodził się na wypłatę pięciu miliardów franków żądanych w ramach reparacji wojennych.

Eduard Rothschild był synem Alfonsa Rothschilda, najstarszego syna Jamesa Rothschilda, który zmarł 26 maja 1905 r., ale wpływ linii sukcesji na francuskie sprawy ne trwał nadal. Później zobaczymy rolę, jaką odegrali Eduard Rothschild i lord Rothschild w tak zwanej „Deklaracji Balfoura", która doprowadziła do powstania państwa syjonistycznego w Palestynie, w czym, nawiasem mówiąc, Disraeli odegrał wiodącą rolę dla swoich panów, Rothschildów. Za kulisami zawsze są ludzie, o czym wie każdy myślący student historii świata.

Jaką rolę odegrał Disraeli w tworzeniu „ojczyzny" dla Żydów? W swojej pracy Tancred Disraeli mówił o

> „te czasy politycznej sprawiedliwości, kiedy Jerozolima należała do Żydów".

O Jerozolimie napisał:

> „Widziałem przed sobą najwyraźniej wspaniałe miasto"

i we wszystkich swoich powieściach – „Alroy", „Contari" i „Fleming" – pisał o swojej miłości do Jerozolimy, podkreślając, że jest ona własnością Żydów. W Hughendon, swojej wiejskiej rezydencji, Disraeli opowiedział odwiedzającemu go Stanleyowi o swoich

> „planach przywrócenia Palestyny Żydom i ponownej kolonizacji przez Żydów".

Jaką rolę odegrał Karol Marks w powstaniu komunistów w Paryżu w 1871 roku? Według zapisów w British Museum, potwierdzonych przez dwa inne źródła:

> Marks był w euforii i choć jego sława rozprzestrzeniła się wszędzie jako potwora, który wypuścił morderczych zabójców w Paryżu, przechadzał się dumnie jak paw przed członkami Międzynarodówki w Londynie. Wygłosił pochwałę „nieśmiertelnych bohaterów barykad".

> Kiedy Komuna Paryska przejęła kierownictwo nad rewolucją , kiedy zwykli robotnicy po raz pierwszy odważyli się naruszyć przywilejowe rządy swoich kulturowych przełożonych, stary świat wije się w konwulsjach wściekłości na widok czerwonej flagi, symbolu republiki pracy, powiewającej nad Hotel De Ville. (Ratusz Paryża)

Jedną z rzeczy, których nauczyliśmy się z Komuny Paryskiej, jest to, że rozczarowała ona większość Francuzów, ale przywódcy, którzy uciekli do Anglii i Szwajcarii z pomocą masonów i iluminatów, uznali ją za kamień milowy w rozwoju międzynarodowego socjalizmu w Niemczech, Hiszpanii, Rosji i Włoszech. Karol Marks w Londynie stał się centrum międzynarodowego marksizmu, ale tuż obok niego stali Engels i Rotszyldowie.

W książce „*Untold History*" dowiadujemy się, że Rotszyldowie byli agentami frankfurckich masonów, których mistrzem był landgraf Hesji, a których finansami rządzili Rotszyldowie. W tym miejscu warto wspomnieć o Bismarcku, bo odegrał on kluczową rolę w kształtowaniu losów nie tylko Niemiec, ale całej Europy.

Według autora Johna Reevesa w jego pracy „*The Rothschilds*", Bismarck był uważany za zwykłego sługę Rotszyldów i był w połowie Żydem.

Dokumenty w British Museum sugerują, że biologicznym ojcem Bismarcka był marszałek Soult, prawdziwy „Waterloo" Napoleona I:

> „Czy nie dowodzi to, że marszałek Soult był jego prawdziwym ojcem, a nie cichy pruski drobny właściciel ziemski, oficjalny ojciec Bismarcka?"
>
> Po pokonaniu Napoleona przez Rotszyldów potrzebowali oni nowego przywódcy i stworzyli go w osobie Otto Bismarcka. Jego ojciec, Wilhelm, poślubił Louise Menken [rodzina Menkenów była żydowska] – burżuazję nieznanego

> pochodzenia. On zabrał ją do swojej wiejskiej posiadłości, którą wkrótce najechały francuskie wojska Napoleona, a w pobliskim zamku marszałek Soult założył swoją kwaterę główną.
>
> Louise groziło nieuchronne gwałt, szampan Soult, jego azjatyckie zdolności perswazji przemawiały do serca Louise bardziej niż piwo i ciężki dowcip jej niemieckiego męża. Od tego czasu Soult okazywał szczególną uwagę pani Bismarck-Menken i jej synowi, przyszłemu „człowiekowi krwi i żelaza". Soult piastował najwyższe stanowiska we Francji i aż do śmierci zdradzał każdego chrześcijańskiego władcę. Sześć lat, które Bismarck spędził w Instytucie Palma w Berlinie, pozostawiło mu jedynie przykre wspomnienia. (Cherep-Spiridovich, strona 108 — *The Hidden Hand* przypisane J. Hoche)

W rzeczywistości Louise Bismarck-Menken nie była pochodzenia nieznanego. Odnalazłem jej przodków w osobie Haima Solomona, któremu przypisuje się przekazanie całego swojego majątku generałowi George'owi Washingtonowi na rozpoczęcie rewolucji amerykańskiej. Gazeta „Jewish Tribune" z Nowego Jorku z 9 stycznia 1925 r. również potwierdziła, że Louise Menken była potomkinią Haima Solomona.

Niektórzy badacze i historycy gorąco kwestionują, że pieniądze, które Solomon przekazał Waszyngtonowi, były jego własnością, twierdząc, że pochodziły one od Rotszyldów, a Solomon był jedynie ich pośrednikiem.

Wskazują oni na fakt, że pomimo przekazania wszystkich swoich pieniędzy Waszyngtonowi, Haim nadal żył w luksusie. Historię tego, jak Bismarck został zwerbowany przez Rotszyldów, można zrekonstruować na podstawie listów lorda Beaconsfielda z grudnia 1812 r. oraz *książki „Coningsby*":

> Lionel Rothschild często zabierał Disraeliego do Paryża, gdzie ten został przedstawiony Jamesowi Rothschildowi III. Odwiedził ich hrabia Arnim, pruski minister. Dzięki

> Lionelowi Disraeli stał się jego przyjacielem. Soult był ministrem w rządzie francuskim i prawdopodobnie często mówił o swoim synu lub synu swojej kochanki, byłym Menken-Bismarcku. W ten sposób Rotszyldowie postanowili pozyskać młodego Bismarcka, który znajdował się w wielkiej potrzebie i był przynajmniej w połowie Żydem, a już w 1839 roku zmuszony był walczyć z katastrofą zagrażającą jego majątkowi. Jednak Rothschildowie, Soult i Amim już go obserwowali i wszyscy chcieli go wykorzystać. Już w 1839 roku w Akwizgranie Bismarck wykazał się buntowniczym charakterem, podobnie jak Disraeli w swoim wierszu „Błogosławieństwa dla sztyletu królobójcy".
>
> Jednak James wymagał od Bismarcka i Disraeliego, by wykazywali się „skrajnym konserwatyzmem" – który wówczas zyskiwał na popularności – aby mogli wkraść się do wyższych sfer i zdobyć władzę. Dlatego Disraeli i Bismarck porzucili hymny na cześć „sztyletów królobójczych" i stali się ultrakonserwatywni. Obaj otrzymali polecenie, by stać się „bardzo przyziemni". Arnim, pruski minister i członek Reichstagu, poślubił w 1844 roku ukochaną siostrę Bismarcka, Malvinę, i według Disraeliego Bismarck znalazł się całkowicie pod wpływem Rotszyldów, Arnima i swojej siostry.

Pośrednio dowiadujemy się o stwierdzeniu Waltera Rathenaua, że światem rządzi 300 ludzi (zob. *Hierarchia spiskowców: Komitet 300*). Czterdzieści lat wcześniej Bismarck wyraził zgodę ze stwierdzeniem Rathenaua: Powtórzył to Disraeli, mówiąc, że

> „światem rządzą zupełnie inne osoby niż te, które wyobrażają sobie ci, którzy nie są za kulisami".

Czterdzieści lat przed wypowiedzią Rathenaua Bismarck wyraził zgodę zarówno z Rathenauem, jak i Disraelim. (Fragmenty z *Coningsby'ego* i Cherep-Spiridovicha oraz dokumentów British Museum)

Uważany za reakcjonistę, w 1847 roku Bismarck próbował

zjednać sobie konserwatystów, udając agresję wobec liberałów, idąc za przykładem Disraeliego, i w ten sposób zyskał przychylność króla pruskiego. Dzięki ogromnemu wysiłkowi i sprytnym zabiegom osoby sprawujące kontrolę nad Bismarckiem zdołały skłonić go do poślubienia Johanny Puttkamer w 1847 roku.

Puttkamer była niezwykłą kobietą, której zdolności do uspokajania jego strasznego temperamentu (prawdopodobnie odziedziczonego po Soultcie) – ponieważ jego zarejestrowany ojciec był cichym człowiekiem, nigdy nie ulegającym gwałtownym wybuchom – uratowały jego karierę, która w przeciwnym razie zakończyłaby się nagle. Kiedy w 1849 roku lista nowych członków gabinetu została przedstawiona Fryderykowi Wilhelmowi IV, ten przeciągnął grubą kreskę przez nazwisko Bismarcka i napisał:

> Zagorzały reakcjonista. Lubi zapach krwi.

W 1849 roku Bismarck został wybrany do Drugiej Izby Pruskiej z pomocą Arnima i Rothschilda, a w 1851 roku uczestniczył w Sejmie we Frankfurcie nad Menem jako poseł.

Hrabia Arnim również wspierał Bismarcka i odegrał swoją rolę, polecając go Otto von Manteuffelowi, ministrowi Prus. Profesor Langer omawia historyczne tło znaczenia von Manteuffela:

> 16 maja 1850 r. szereg mniejszych państw oraz Austria spotkały się we Frankfurcie i przywróciły dawny sejm Związku Niemieckiego. Gdyby Prusy nalegały na tę unię, wojna z Austrią wydawała się nieunikniona. Kiedy w wyniku odwołania wybuchł spór... obie potęgi zmobilizowały się i wojna wydawała się nieuchronna.
>
> Car Mikołaj z Rosji, zirytowany pseudoliberalizmem pruskiego władcy, stanął po stronie Austrii, a Fryderyk Wilhelm, który od samego początku był przeciwny wojnie, postanowił podjąć pośpieszny odwrót. Wysłał swojego nowego ministra, Otto von Manteuffela, do negocjacji...

> (Profesor Langer, str. 726–727)
>
> Kiedy Bismarck był już stary, jego oczy nie straciły swojej niesamowitej mocy. Z natury gardził wszystkim, co słabe i sentymentalne, a wśród przedmiotów swojej pogardy zaliczał kilka cnót chrześcijańskich. (Profesor F. M. Bowicke, *Bismarck and the German Empire*, strona 5)

W *La Revue des Deux Mondes* opublikowanej w 1880 r., tom 26, strona 203, autorstwa Valberta, czytamy, co następuje: Żydzi byli jedynym ludem, który potrafił wykorzystać Bismarcka w taki sposób, że całe liberalne reformy w Niemczech po Sadowej (gdzie Prusacy zostali pokonani przez Austriaków w 1866 r.), wprowadzone przez Bismarcka, służyły korzyściom Żydów...

Jak już pokazaliśmy, Rotszyldowie byli szczególnie zainteresowani polityką wszystkich narodów, w których się osiedlili. Na przykład na kongresie wiedeńskim Rotszyldowie dążyli do dominacji. Dowiadujemy się od Marii Olivii O'Grady:

> ... Żydzi wysłali przedstawicieli na Kongres Wiedeński, gdzie starali się wpływać na oficjalnych delegatów za pomocą łapówek i prezentów. Starszy Rothschild, jak pamiętamy, obawiał się, że specjalny przywilej żydowski, który kupił od Karla von Dalberga, księcia prymasa Konfederacji Reńskiej, może zostać utracony, jeśli nie zostanie włączony do nowych konstytucji, które miał opracować Kongres.
>
> Jacob Baruch (ojciec Ludwiga Boerne'a), G. G. Uffenheim i J. J. Gumprecht, specjalni wysłannicy Rothschilda, zostaliby wygnani z miasta przez wiedeńską policję, gdyby nie interwencja Metternicha.
>
> Przedstawiciele żydowscy nie mieli oczywiście żadnego oficjalnego stanowiska w Kongresie. Największy wpływ na członków Kongresu wywierały Żydówki, które organizowały w swoich salonach wystawne przyjęcia dla czołowych mężów stanu i władców uczestniczących w obradach

> Kongresu.
>
> Najbardziej znane z tych Żydówek to baronowa Fanny von Arenstein, madame von Eskeles, Rachel Levin von Varahagen, madame Leopold Herz oraz księżna Mendelssohn von Schlegel. Najlepszym osiągnięciem Żydów na kongresie wiedeńskim było kilka projektów propozycji, które niezmiennie oferowały pełne prawa obywatelskie tym Żydom, którzy „przyjmują na siebie wykonywanie wszystkich obowiązków obywatelskich". Klauzula ta nie spełniała wszystkich specyficznych żądań i wymagań „narodu" żydowskiego, który w rzeczywistości pragnął wszystkich praw obywatelskich bez zwyczajowych obowiązków. (*Kongres Wiedeński*, strony 345, 346)

Autorka Anka Muhlstein w książce *Barona Jamesa „The Rise of the French Rothschilds"* przedstawia inną interpretację wydarzeń z Kongresu Wiedeńskiego i ich wpływu na Frankfurt:

> Ledwie wycofały się armie francuskie, władze niemieckie zajęły się pilnym problemem przywrócenia Żydów na ich miejsce. We Frankfurcie prawa nabyte legalnie i drogo okupione zostały teraz zniesione. Po raz kolejny Żydzi znaleźli się w sytuacji, w której traktowano ich jak niepożądanych obcych.
>
> Zdając sobie sprawę, że zagrożony jest ich honor, wolność, a niekiedy nawet życie, Żydzi zwrócili się do mocarstw, które regularnie spotykały się na kongresie w Wiedniu . Jednak mimo że ich argumenty były słuszne, okazały się daremne. Nie pozostawiło to niemieckim Żydom innego wyboru, jak tylko uciekać się, podobnie jak w przeszłości, do tajnych środków, aby w ten sposób znaleźć lub kupić ochronę.
>
> Salomon przejął kierownictwo nad żydowską kampanią i nagle portfel Gentza, doradcy Metternicha, znacznie się powiększył. Doprowadziło to do zawieszenia austriackich edyktów o wydaleniu oraz do oświadczeń Metternicha i Hardenberga, odpowiednika austriackiego kanclerza w Prusach. (*Baron James, The Rise of the French Rothschilds*,

Anka Muhlstein, strona 68)

Według Muhlstein Żydzi byli atakowani we Frankfurcie i surowo prześladowani. Salomon Rothschild zdecydował się przenieść do Wiednia, ale Amschel pozostał we Frankfurcie i po przypomnieniu rządowi, jak bardzo będą potrzebować pożyczek Rothschildów, przemoc wobec Żydów zaczęła słabnąć.

ROZDZIAŁ 12

Salomon Rothschild pokazuje swoją potęgę finansową

W Wiedniu Salomonowi nie pozwolono kupić domu, więc wynajął dla siebie cały luksusowy hotel, a następnie odmówił królowi Wirtembergii udostępnienia apartamentu, który zajmował przez wiele lat.

Salomonowi przyznano immunitet dyplomatyczny i nadano mu tytuł „barona". Metternich mianował następnie Jamesa i Nathana konsulami, co było „nie do pomyślenia dla Żyda", jak zauważył Salomon:

> James nie odnowił swojego odwołania. Oczywista władza i ochrona Metternicha złagodziły jego niepokój. Dzięki kanclerzowi Rothschildowie uzyskali immunitet dyplomatyczny.
>
> Po przyznaniu im użytecznego i pochlebnego tytułu, zamierzał teraz zrobić znacznie więcej. Nathan i James, kosztem licznych umiejętnie wynegocjowanych pożyczek, wpadli na pomysł, by zostać mianowani konsulami reprezentującymi Austrię w Londynie i Paryżu. Żyd w korpusie dyplomatycznym! To było nie do pomyślenia. Jednak pomimo ogromnej wagi tej propozycji, Metternich zgodził się.
>
> Tylko złośliwi mogliby podejrzewać jakiś związek z korzystnymi prywatnymi pożyczkami udzielonymi kanclerzowi przez Rotszyldów. Wszystkie funkcje dworskie

> prowadzą do nowych interesów, zwłaszcza gdy dotyczą Austrii. Gdyby James został mianowany w Paryżu, mógłby, z Bożą pomocą, zająć się wszystkim, co dotyczyło spłaty długu , jaki Francja miała wobec Austrii, ponieważ konsul miałby prawo rozmawiać osobiście z królem. (*Souvenirs* Augustus de Fremilly, strona 232, 1908)

> Próbując ustalić schemat działania wpływowych Żydów próbujących wykorzystać swoje wpływy na międzynarodowych konwencjach, konferencja w Aix-la-Chapelle w 1818 r. również miała do czynienia z nieproszonymi przedstawicielami żydowskimi. Lewis Way, angielski duchowny, pełnił rolę rzecznika Żydów i przedstawił konferencji petycję opowiadającą się za emancypacją Żydów w Europie. Wpływ Żydów na Kongres Paryski z 1856 r. i Kongres Paryski z 1858 r. jest widoczny w pracach obu zgromadzeń. Nie wydaje się, aby Żydom pozwolono na oficjalną reprezentację na którejkolwiek z tych dwóch konferencji. (Olivia Maria O' Grady)

Nie spodobało się to Rotszyldom, którzy zaczęli wtedy żądać coraz więcej od tych, nad którymi sprawowali władzę. Po otrzymaniu tytułów baronów i konsulów pragnęli teraz, aby ich władza była jeszcze bardziej widoczna.

Ich „miłość do odznaczeń" była co najmniej przesadna. Von Gentz otrzymał polecenie, by poinformować opinię publiczną o przyznanych im medalach i orderach oraz nagłośnić tę wiadomość:

> „Salomon von Rothschild i jego brat w Paryżu otrzymali order św. Włodzimierza w uznaniu za wynegocjowanie pożyczek dla Rosji".

Von Gentz napisał do kilku czołowych niemieckich czasopism. Dobrze byłoby, gdybyście opublikowali tę wiadomość. Niech będzie Włodzimierz, a nie św. Włodzimierz. W liście do hrabiego von Neipberga z 1830 roku Metternich prywatnie skrytykował próżność Rothschildów:

> Rothschildowie chcieliby małego św. Jerzego. Cóż za próżność. Pomimo swoich milionów i hojnej lojalności, Rothschildowie mają zadziwiający apetyt na zaszczyty i wyróżnienia. (Dokumenty British Museum)

Chrześcijański charakter odznaczeń sprawiał, że fakt, iż Rothschildowie byli w stanie je zdobyć, był tym bardziej niezwykły i wskazywał na władzę, jaką sprawowali nad Metternichem i Bismarckiem, zwłaszcza że wiadomo, iż Metternich zaczął sprzeciwiać się żądaniom Rothschildów, argumentując, że jako niechrześcijanie nie mają prawa do otrzymywania niektórych odznaczeń, ale to nie powstrzymało lawiny wniosków o specjalne wyróżnienia. W 1867 roku Alfons, najstarszy syn Jamesa, napisał do swoich kuzynów w Londynie:

> Najbardziej znaczącym wynikiem wizyty Bismarcka (w Londynie) było przyznanie odznaczeń. Mój ojciec otrzymał Wielką Wstęgę Czerwonego Orła, najwyższe i najbardziej zaszczytne odznaczenie. Żaden Żyd w Prusach go nie otrzymał. (*Gold and Iron*, Fritz Stern, strona 1150)

Kontynuując pracę O'Grady, jej temat nieoficjalnej, ale potężnej reprezentacji na światowych konwencjach, na których Żydzi nie mieli żadnego statusu, odnosi się ona do amerykańskich wysiłków na ich rzecz:

> Amerykańska społeczność żydowska wpłynęła na Stany Zjednoczone, aby przedstawiły swoje żądania dotyczące pełnych i równych praw na konferencji pokojowej w Bukareszcie w 1913 r., mimo że Stany Zjednoczone nie były oficjalnie reprezentowane na tej konferencji.

W październiku 1913 r. Anglo-Żydowskie Stowarzyszenie skierowało wspólną petycję do sir Edwarda Greya, wzywając do zapewnienia nowych gwarancji dla Żydów, wskazując, że Rumunia wielokrotnie ignorowała i odrzucała podobne zapewnienia.

Elihu Root, sekretarz stanu Stanów Zjednoczonych, wydał na

polecenie prezydenta Theodore'a Roosevelta surowe instrukcje ambasadorowi White'owi, reprezentującemu Stany Zjednoczone na konferencji algierskiej w 1906 r., nakazując mu nalegać na rozważenie przez konferencję gwarancji tolerancji religijnej i rasowej w Maroku.

Działania światowej społeczności żydowskiej podczas konferencji pokojowej najlepiej widać w postanowieniach nałożonych na Polskę przez w traktacie wersalskim. Bezlitosny zdobywca nie mógłby być bardziej surowy. Przedstawiciele Polski podpisali traktat mniejszościowy 28 czerwca 1919 r., zobowiązując tym samym Polskę do podziału suwerenności oraz stworzenia wyższej i uprzywilejowanej klasy obywateli. (Olivia Maria O'Grady, strony 344–347)

W historii wielokrotnie zwracano uwagę, że przeciętny obywatel w większości krajów ma niewiele czasu lub nie ma go wcale, by myśleć o czymś innym niż zarabianie na życie, wychowywanie rodziny i utrzymywanie pracy, która umożliwia osiągnięcie tych celów, co pozostawia niewiele czasu lub nie pozostawia go wcale na zajmowanie się polityką, sprawami gospodarczymi lub innymi istotnymi kwestiami, takimi jak wojna i pokój, które miały wpływ na ich życie i ich naród.

Wydawało się jednak, że pewne grupy ludzi były odporne na takie ograniczenia i zawsze wydawały się wiedzieć, gdzie i przez kogo podejmowane są decyzje w ważnych sprawach, a także wydawały się dysponować światową siecią, która pozwalała im być na bieżąco ze wszystkimi wydarzeniami politycznymi i gospodarczymi. Takie grupy, dobrze zorganizowane i głośne, zawsze miały przewagę nad lokalną społecznością.

Według książki „*The Hidden Hand*" autorstwa Cherepa-Spiridovicha oraz obszernej pracy autorki Olivii Marii O'Grady, takie wysoce skuteczne grupy były zawsze żydowskie lub zdominowane i kontrolowane przez Żydów.

Obaj autorzy przytaczają liczne i obszerne przykłady na poparcie swojej tezy, a dwa z bardziej przekonujących to być może konferencja pokojowa w Paryżu w 1919 roku oraz utworzenie państwa Izrael. Kontynuując relację Olivii Marii O'Grady:

> Na początku 1919 roku Paryż został dosłownie zalany przez Żydów z całego świata – bogatych, biednych, ortodoksyjnych, socjalistycznych, finansistów i rewolucjonistów, którzy napływali do stolicy Francji – i zabrali się do pracy.
>
> Komitet Delegacji Żydowskich przy Konferencji Pokojowej (Comité de Délégation Juives auprès de la Conférence de la Paix) został w pełni zorganizowany do 25 marca 1919 r. Ponadto w skład Komitetu weszli delegaci Światowej Organizacji Syjonistycznej i B'nai B'rith, którzy rzekomo mieli reprezentować dziesięć milionów Żydów.
>
> Woodrow Wilson, Georges Clemenceau i inne międzynarodowe osobistości byli jak plastelina w rękach tych międzynarodowych Żydów. Chociaż idea światowego superpaństwa od dawna była żydowskim marzeniem, aroganckie przekonanie Wilsona, że jest to jego własny pomysł, było podsycane i wyolbrzymiane ze wszystkich stron przez delegację żydowską i kontrolowaną przez nią światową prasę. „Nie pozwolono, by zasady samostanowienia narodowego i jednorodności etnicznej zostały doprowadzone do skrajności" – pisze z oczywistą satysfakcją pewien żydowski historyk.
>
> Finezja delegacji żydowskiej jest wyraźnie widoczna w końcowym produkcie z Wersalu. Podstawy do zniszczenia suwerenności w całym chrześcijaństwie zostały dobrze przygotowane przez mózg stojący za Comité de Délégation Juives. Absolutna suwerenność została ograniczona. Jako podstawa II wojny światowej „nowe i powiększone państwa" zostały zmuszone „do przyjęcia zobowiązania do zawarcia w traktacie z głównymi mocarstwami alianckimi i stowarzyszonymi takich postanowień, jakie mogą zostać uznane za niezbędne dla wspomnianych mocarstw w celu ochrony mieszkańców różniących się od większości ludności

> pod względem rasy, języka lub religii".
>
> Wśród żydowskich delegatów na konferencję pokojową w Paryżu był Jacob Schiff, który później stał się jednym z bankierów z Wall Street finansujących rewolucję bolszewicką w Rosji. Największym triumfem Żydów był zapis, który poddał „prawa grup krajowych" międzynarodowej gwarancji i jurysdykcji Ligi Narodów – żaden z nich nie był zainteresowany „zapewnieniem światu bezpieczeństwa dla demokracji". (Oświadczenie Wilsona dotyczące intencji, Olivia Maria O'Grady)

Być może Wilson dał się zwieść intencjom i celom Ligi Narodów, ale grupa czujnych senatorów Stanów Zjednoczonych nie dała się oszukać. Dostrzegli oni Ligę Narodów dokładnie taką, jaka była: próbą zniszczenia suwerenności Stanów Zjednoczonych, Konstytucji Stanów Zjednoczonych opartej na zasadzie oraz Karty Praw, i odrzucili ją jako taką, gdy traktat został przedstawiony Senatowi Stanów Zjednoczonych do ratyfikacji.

Na czele opozycji w Senacie stali senatorowie Hiram Johnson i William E. Borah, których patriotyzm był nieograniczony. Traktat został odrzucony 11 listopada 1919 roku.

Brytyjski premier Lloyd George również dostrzegł niebezpieczeństwa związane z ograniczeniami nałożonymi na narody przez traktat wersalski. W 1919 roku podczas weekendowej przerwy w obradach konferencji spisał swoje obawy:

> Kiedy narody są wyczerpane wojnami, w których włożyły całą swoją siłę i które pozostawiają je zmęczone, wykrwawione i złamane, nie jest trudno zawrzeć pokój, który może trwać do czasu, aż pokolenie, które doświadczyło okropności wojny, odejdzie... Dlatego stosunkowo łatwo jest zawrzeć pokój, który może trwać trzydzieści lat. Trudno jest jednak zawrzeć pokój, który nie wywoła nowej walki, gdy odejdą ci, którzy mają praktyczne doświadczenie wojny…

> Można pozbawić Niemcy ich kolonii, zredukować ich zbrojenia do poziomu sił policyjnych, a ich flotę do poziomu mocarstwa piątej kategorii; mimo to, jeśli w końcu poczują, że zostali niesprawiedliwie potraktowani w pokoju z 1919 roku, znajdą sposób na wymierzenie zemsty swoim zwycięzcom.
>
> Ciężar i głębokie wrażenie, jakie wywarły na ludzkich sercach cztery lata niewytłumaczalnej rzezi, znikną wraz z sercami, na których odcisnęło się straszliwe ostrze Wielkiej Wojny. Utrzymanie pokoju będzie wówczas zależało od tego, czy nie będzie żadnych powodów do irytacji, które nieustannie podsycałyby ducha patriotyzmu, sprawiedliwości i uczciwości... Chociaż Lloyd George podjął dzielną próbę zapewnienia sprawiedliwości dla Niemiec, poniósł porażkę, nie z powodu braku starań, ale z powodu nieubłaganych sił internacjonalizmu, które wystąpiły przeciwko niemu, charakteryzujących się okrutnym i brutalnie brzydkim zachowaniem, postawami i żądaniami Georges'a Clemenceau z Francji.
>
> O tym, że Lloyd George był dalekowzroczny, świadczą jego niemal prorocze słowa napisane w Fontainebleau w marcu 1919 roku. Lloyd George został pokonany przez siły rewolucyjne, które gromadziły władzę od XVIII wieku. Dobrze zorganizowane i finansowane, były praktycznie nie do powstrzymania. W pewnym sensie Lloyd George był hamowany przez obecność swojego kontrolera. Sir Philip, A. G. D. Sassoon, Bart, był spokrewniony przez małżeństwo i więzy krwi z rodziną Rothschildów. Jako członek brytyjskiej Rady Prywatnej, Sassoon mógł uczestniczyć w tajnych obradach konferencji.

Opisując francuską politykę w Wersalu i jej następstwa, magazyn TIME z 17 maja 1940 r., w rzadkim przypadku uchybienia cenzury Rotszyldów, również to potwierdził:

> Na kluczowe stanowisko ministra spraw wewnętrznych premier Reynaud mianował energicznego, 54-letniego Georgesa Mandela, dotychczasowego ministra kolonii. Nie

> była to nowa rola dla tego krępego, o ostrym nosie zwolennika Clemence'a, który jako szef gabinetu „Tygrysa" podczas ostatniej wojny kierował sprawami wewnętrznymi kraju i podtrzymywał morale ludności cywilnej.
>
> Urodzony jako Jeroboam Rothschild, Mandel był często nazywany francuskim Disraeli; superpolityk w kraju polityków, ostatnio pokazał w Ministerstwie Kolonii (i Poczty), że nie stracił nic ze swojej energii i talentu administracyjnego, które czyniły go niezbędnym dla Clemenceau...

Z moich badań w British Museum jasno wynika, że sukces paryskiej konferencji pokojowej i wynikającego z niej traktatu wersalskiego zależał od powszechnej akceptacji Ligi Narodów, pierwszej zorganizowanej próby ustanowienia jednego rządu światowego, który przejąłby suwerenność wszystkich narodów i przekazał Palestynę syjonistom.

Tę opinię potwierdza to, co Wilson powiedział po przybyciu do Paryża w styczniu 1919 roku:

> Liga Narodów jest głównym przedmiotem naszego spotkania.

Jak powszechnie wiadomo, Wilson został gruntownie przygotowany i poinstruowany przez Mandel House, sługę Rotszyldów, i wiedział, że musi wykonywać rozkazy. Podczas przeglądania dokumentów Lloyda George'a w British Museum stało się dla mnie oczywiste, że brytyjski premier stoczył zaciętą walkę z Wilsonem, ale bezskutecznie. Pomimo energicznych protestów Lloyda George'a Wilson nalegał, by pierwszym punktem porządku obrad były propozycje utworzenia Ligi Narodów.

Poświęciłem wiele miesięcy na badania nad Ligą Narodów w British Museum i odkryłem, że Wilson udał się do Paryża, uzbrojony w instrukcje dotyczące swojego programu, otrzymane pośrednio od lorda Rotszylda za pośrednictwem Mandel House.

Wilson zyskał sobie przychylność Rothschildów za pośrednictwem Mandel House, kiedy jako profesor na Uniwersytecie Princeton próbował położyć kres temu, co nazywał „snobizmem", likwidując kluby studenckie. Nie odniósł sukcesu, ale to bardzo wczesne przejawienie jego socjalistycznych przekonań zwróciło uwagę House'a i ostatecznie zapewniło mu stanowisko gubernatora stanu New Jersey, a w końcu urząd prezydenta Stanów Zjednoczonych. Przewodniczący Will Hayes z Krajowego Komitetu Partii Republikańskiej powiedział o Wilsonie:

> Chce on bez przeszkód przebudować świat zgodnie z dowolnymi doktrynami socjalistycznymi, dowolnymi koncepcjami nieograniczonej własności rządowej, dowolnymi mglistymi kaprysami, które mogą go ogarnąć.

Moje badania nad prezydenturą Wilsona pokazują, że Hayes był na dobrej drodze, ale nie miał możliwości dowiedzieć się niczeg nego o osobach kierujących programem Wilsona. Nie było nic mglistego w jasnych instrukcjach, które nieustannie otrzymywał z Londynu za pośrednictwem Mandell House. Jeden z takich zestawów instrukcji z Londynu dotyczył Czternastu Punktów Wilsona. W rzeczywistości Czternaście Punktów, które miał przedstawić na konferencji pokojowej w Paryżu, zostało napisanych przez Rotszyldów i sędziego Brandeisa, którzy przekazali je Wilsonowi z poleceniem, aby wykorzystał je jako swoje własne na konferencji, pod czujnym okiem Bernarda Barucha.

Drugi zestaw instrukcji, dotyczący Ligi Narodów, również został przedstawiony jako dzieło Wilsona. Jego przemówienie na początku I wojny światowej, w którym stwierdził, że Ameryka walczy z „klasą rządzącą, a nie z narodem niemieckim", było czystą retoryką House'a. Kontynuując cytaty z Olivii Marii O'Grady:

> Prezydent Wilson, otoczony żydowską bractwem finansowym, popychany tu i tam przez złowrogiego

> pułkownika House'a i doradzany przez syjonistę Brandeisa, wyobrażał sobie, że jest wielkim „rozjemcą" w całej historii. Był historykiem, który udowodnił, że nie ma pojęcia o historii.
>
> W rękach Żydów, którzy wykorzystali go do swoich własnych celów, pogrążył ten kraj [Stany Zjednoczone] w katastrofalnej wojnie i zapoczątkował ciąg wydarzeń, które miały ostatecznie zniszczyć Amerykę.
>
> Schlebiany i wychwalany przez tych, którzy podporządkowali go swojej woli, wyobrażał sobie, że gra rolę Boga, przekształcając świat i jego mieszkańców na swój własny obraz. Zaprzysiężony na swoim wysokim stanowisku, by chronić i wspierać interesy narodu amerykańskiego, nagle uwierzył, że otrzymał mandat do ocalenia świata.
>
> Wezwał do „pokoju bez zwycięstwa" i ogłosił, że pogrąża Stany Zjednoczone w „wojnie, która zakończy wojny" oraz ma na celu „zapewnienie światu bezpieczeństwa dla demokracji". Od tamtej pory historia nieustannie podkreśla absurdalność jego dwuznacznych wypowiedzi.
>
> Pokój i zwycięstwo nadeszły 11 listopada 1918 r., a Wilson pośpieszył do Paryża, gdzie stracił jedno i drugie. (Olivia Maria O'Grady)

Być może jest to nieco zbyt surowa ocena Wilsona, który w końcu był otoczony i ograniczany przez doradców:

> Możemy teraz właściwie ocenić ten zdradziecki, zbrodniczy traktat pokojowy, z którego wyrosła obecna wojna (II wojna światowa).
>
> To nie Wilson zdradził rząd niemiecki obietnicą swoich Czternastu Punktów, ani Lloyd George, który okłamał Arabów, aby skłonić ich do przystąpienia do wojny; — to byli Jeroboam Rothschild, Sir Philip Sassoon i Bernard Baruch. Wilson, Lloyd George i Clemenceau są winni tylko

> w takim stopniu, w jakim działali w posłuszeństwie wobec siły, której nie odważyli się przeciwstawić. Ci trzej Żydzi, reprezentujący potęgę finansową rodziny Rothschildów, ustalili zasadnicze postanowienia tego niesławnego traktatu pokojowego.
>
> Założyli Międzynarodową Radę Pracy; ustanowili Komisję Reparacyjną i Brukselską Konferencję Finansową; oddali Palestynę Żydom; bez naszego udziału utworzyli Ligę Narodów i Międzynarodowy Trybunał Sprawiedliwości.
>
> To właśnie nasza odmowa przystąpienia do Ligi Narodów uniemożliwiła urzeczywistnienie ich wielkiej, skomplikowanej machiny do rządzenia światem. (*Rothschild Money Trust*, strony 67, 68)

Chociaż w tej relacji nie pojawia się nazwisko pułkownika House'a, to jednak to właśnie on, bardziej niż Baruch, reprezentował interesy Rotszyldów w Stanach Zjednoczonych podczas konferencji. Kontynuacja z *książki „The Rothschild Money Trust*”:

> Ci trzej Żydzi są odpowiedzialni za porzucenie Czternastu Punktów prezydenta Wilsona oraz rażące naruszenie obietnic, na podstawie których Niemcy złożyły broń. Gdyby dotrzymano obietnic prezydenta Wilsona, nie mielibyśmy II wojny światowej. Być może gdybyśmy przystąpili do Ligi Narodów, nie byłoby jej, ponieważ bylibyśmy poddanymi „króla despoty”, który rządziłby nami żelazną ręką…
>
> Jeroboam Rothschild (Mandel) był członkiem gabinetu Reynauda i wraz z nim zrezygnował ze stanowiska oraz uciekł, gdy Francja odmówiła włączenia się do Imperium Brytyjskiego, , decydując się zamiast tego na kapitulację. Według prasy, Francuzi zdają sobie teraz sprawę, że są ofiarami podżegaczy wojennych…
>
> Pomysł Ligi Narodów nie wyszedł od prezydenta Wilsona. On sam nigdy tego nie twierdził. Jego dokładne pochodzenie

> pozostaje nieznane, ale to Żydzi przypisują sobie zasługi za jego powstanie. Bez wątpienia jest to ich dzieło, gdyż nosi ono wszystkie znamiona ich przebiegłości... Londyński „Daily Mail" napisał o nim, że jest to „najbardziej wyrafinowane oszustwo, jakie kiedykolwiek popełniono w historii".
>
> Pod pretekstem sporządzenia traktatu pokojowego z Niemcami konferencja pokojowa ustanowiła Palestynę jako ojczyznę dla Żydów i powierzyła rządowi brytyjskiemu mandat do sprawowania władzy w tym kraju. Od tego czasu Żydzi toczą wojnę z Arabami, a sytuacja stała się tak nie do zniesienia, że rząd brytyjski postanowił podzielić kraj między Żydów i Arabów oraz zrzec się odpowiedzialności, co nie zadowoliło ani Żydów, ani Arabów.
>
> Amerykanie nie chcą superrządu ani rządów papieża rzymskiego czy despoty z rodu Syjonu. Ledwo nam się to udało uniknąć, gdy republikanie z pomocą dwunastu upartych demokratów pokonali projekt Ligi Narodów bardzo niewielką przewagą głosów; Liga Narodów miała bowiem być właśnie tym. (Olivia Maria O'Grady, strony 68, 69 i 85)

O'Grady napisała trafny epitafium (i być może ponure ostrzeżenie dla świata):

> Pod koniec 1938 roku upadek Ligi Narodów był już prawie kompletny. Z sześćdziesięciu dwóch krajów, które ją tworzyły, pozostało tylko czterdzieści dziewięć. Pod koniec 1940 roku przestała istnieć.
>
> Podzieliła los swoich poprzedników – Świętego Przymierza (tak bardzo budzącego strach wśród autorów z rodu Rothschildów), Koncertu Europejskiego i Stałego Trybunału Arbitrażowego.
>
> Uległa ona porażce, ponieważ Stany Zjednoczone odmówiły udziału, a także dlatego, że ludzkość nie została jeszcze zredukowana do wspólnego mianownika przeciętności.

„Matka", „dom", „flaga", „niebo" oraz „Bóg i ojczyzna" były nadal głęboko zakorzenione w umysłach i sercach ludzi. Potrzebna była kolejna wojna, a może nawet jeszcze jedna, aby takie „reakcyjne burżuazyjne" pojęcia zostały wyplenione z serc ludzi.

Mayer Amchel Rothschild

Dom rodziny Rothschildów przy Judenstrasse we Frankfurcie, Niemcy.

Gutte Schnapper Rothschild

Jacob James Rothschild

Lionel Rothschild

Najsłynniejsi synowie Rothschilda, którzy kontrolowali fortunę wartą miliardy dolarów. Salomon, Nathan i Karl Rothschild

Manoir de Waddesdon (rezydencja), wiejska posiadłość rodziny Rothschildów w Anglii

Zamek Ferrières należący do Jacoba Jamesa Rothschilda

Napoleon Bonaparte i Arthur Wellesley (książę Wellington)

Marszałek Soult i generał Blücher

ROZDZIAŁ 13

Liga Narodów: próba ustanowienia jednego rządu światowego

Jednym z najbardziej zaskakujących aspektów Ligi Narodów była ogromna presja wywierana na Stany Zjednoczone, aby ją zaakceptowały, oraz niezwykłe wysiłki podejmowane w tym celu. Wilson domagał się ratyfikacji traktatu w obecnej formie, bez dyskusji, zmian i modyfikacji.

Amerykanie, uznani przez agentów Rotszyldów w Ameryce za wystarczająco gotowych do zaakceptowania wszystkiego, czego od nich oczekiwano, przyjęli tajne porozumienia zawarte za zamkniętymi drzwiami w 1915 roku. Rotszyldowie byli przyzwyczajeni do takiego obrotu spraw. Zawsze chodziło o to, by „spełniła się ich wola", w przeciwnym razie groziły poważne kłopoty.

22 września 1919 r. profesor I. Shotwell, amerykański fabianista, zażądał, aby Senat bezzwłocznie ratyfikował traktat, a Charles McParland, sekretarz generalny Światowej Rady Kościołów, poparł jego apel!

Wspominam o tym, aby zilustrować, jak głęboko zakorzeniony był międzynarodowy socjalizm w Stanach Zjednoczonych.

Już wtedy syjonizm był kluczowym liderem. Jeśli chodzi o ruch syjonistyczny w Ameryce, to w książce „*Historia syjonizmu*" Waltera Laqueura znajduje się ciekawa wzmianka na ten temat:

> Dopiero w 1917 roku powstała organizacja syjonistyczna w

> Ameryce... Jednak pomimo wydarzeń w Europie Wschodniej... wpływ ruchu na życie w Ameryce był ledwo zauważalny. W końcu Europa była daleko, a sytuacja amerykańskich Żydów i ich perspektywy nie budziły żadnych obaw. Ruch miał zasadniczo charakter „East Side". Brakowało mu pieniędzy, prestiżu i wpływów politycznych. Z drugiej strony jego przywódcami byli zasymilowani Żydzi, tacy jak rabin Stephen Wise... Przełom nastąpił we wczesnych latach wojny w Europie, kiedy to przywódcą ruchu został Brandeis. Brandeis był jednym z najbardziej szanowanych amerykańskich prawników, a później sędzią Sądu Najwyższego. Przekonał go do siebie Jacob de Haas, brytyjski syjonista i bliski współpracownik Herzla, który osiedlił się w Ameryce w 1901 roku.
>
> Brandeis, według słów innych przywódców syjonistycznych, nie miał żadnego związku z życiem żydowskim, nie czytał żydowskiej literatury i nie znał żydowskich tradycji; musiał na nowo odkryć naród żydowski. Jednak gdy idea syjonizmu poruszyła jego wyobraźnię, poświęcił wiele czasu i energii temu ruchowi, którego był przewodniczącym od 1914 roku aż do momentu powołania do Sądu Najwyższego. To właśnie identyfikacja Louisa Brandeisa z ruchem, bardziej niż jakiekolwiek inne pojedyncze wydarzenie, uczyniła syjonizm siłą polityczną. Bycie syjonistą nagle stało się szanowane. (Strony 160, 161)

W tym fragmencie książki Laqueura znajduje się kilka bardzo ważnych stwierdzeń.

1. Syjonizm nie był przedmiotem zainteresowania zdecydowanej większości amerykańskich Żydów.

2. Zdecydowana większość amerykańskich Żydów nie przejmowała się zbytnio wojną w Europie.

3. Brandeis nie był religijnym Żydem w żadnym z przyjętych znaczeń tego słowa.

4. Ruch syjonistyczny przed dołączeniem do niego Brandeisa

był zasadniczo ruchem socjalistycznym złożonym z niereligijnych Żydów-bolszewików ze Wschodniego Brzegu, tych samych, których Trocki zwerbował do swojej misji obalenia chrześcijańskiej Rosji, innymi słowy, Żydów syjonistów z ruchu .

5. Większość amerykańskich Żydów nie była zainteresowana emigracją do Izraela, dopóki Brandeis nie zwrócił na to ich uwagi. Najwyraźniej nie uważali Palestyny za „ojczyznę", przynajmniej nie w politycznym sensie państwa syjonistycznego, ponieważ ich religia nauczała, że nie może istnieć państwo żydowskie przed powrotem Mesjasza.

W imię uczciwości i nie chcąc wyrządzić krzywdy Żydom, a także aby być całkowicie obiektywnym, przejrzałem tysiące stron historii Brandeisa, ale nie znalazłem żadnych dowodów na to, że na nowo odkrył swoją żydowską religię. Nie znalazłem żadnych dowodów na to, że Brandeis stał się religijnym Żydem. Odkryłem natomiast, że De Haas nawrócił Brandeisa na aktywny syjonizm, który jest ruchem politycznym, a nie religijnym, i w ramach tego ruchu politycznego Brandeis stał się większym nawróconym niż św. Paweł w przypadku chrześcijaństwa.

Brandeis został następnie tymczasowym przewodniczącym Światowej Federacji Syjonistów, która sama w sobie jest czysto polityczną, niereligijną organizacją skupiającą niereligijnych Żydów.

Być może najbardziej znanym wydarzeniem historycznym, w którym Rotszyldowie brali udział na wszystkich etapach, była tak zwana „Deklaracja Balfoura", powszechnie uznawana za początek państwa Izrael na ziemi palestyńskiej, do czego syjoniści dążyli przez ostatnie sto lat. Jednak do 1914 roku nie poczynili żadnych postępów w kierunku swojego celu, a przynajmniej żadnych wartych wzmianki. Syjonizm nie był bliższy często powtarzanego celu, jakim było utworzenie państwa żydowskiego w Palestynie, niż był Herzl w 1897 roku. Według protokołów Kongresu i dokumentów w British Museum, a także wspomnień wojennych Roberta Lansinga, amerykańskiego ambasadora w Londynie, oraz pism Ramseya McDonalda, I wojna światowa stanowiła doskonałą okazję do realizacji marzenia Herzla o państwie syjonistycznym w Palestynie. Lansing naciskał, by Ameryka przystąpiła do I wojny światowej w 1915 roku, a House, działając w imieniu Rotszyldów, dołączył do niego, wywierając presję na Wilsona. Presja na Wilsona była ogromna i Stany Zjednoczone przystąpiły do wojny w Europie wbrew woli 87 procent Amerykanów.

Historycy establishmentu zawsze sprawiali wrażenie, że zdecydowana większość Żydów opowiadała się za utworzeniem „ojczyzny dla Żydów" w Palestynie. Dzięki wielu badaniom odkryłem, że było to w dużej mierze działanie propagandowe.

W rzeczywistości w Rosji i Wielkiej Brytanii istniał niemały sprzeciw wobec tej idei ze strony religijnych Żydów, którzy wierzyli, że taka ojczyzna nie może powstać przed powrotem Mesjasza.

Aby złagodzić nastawienie religijnych Żydów, Weisman wygłosił 20 maja 1917 r. w Londynie przemówienie, w którym stwierdził, że wie, iż rząd brytyjski jest gotowy poprzeć syjonistyczne plany dotyczące Palestyny.

Oczywiście nie miał on oficjalnego prawa do wygłoszenia takiego oświadczenia, ale bez wątpienia wiedząc, że władza i prestiż lorda Rothschilda najprawdopodobniej przeważą, uczynił to mimo wszystko. Antysyjonistyczna opozycja religijnych Żydów pod kierownictwem Claude'a Montefiore'a ze słynnej dynastii żydowskiej Montefiore była niezwykle oburzona, zwłaszcza że Weizman określił religijnych Żydów mianem „niewielkiej mniejszości".

Według *książki „A History of Zionism"* (Historia syjonizmu) list podpisany przez Montefiore'a i Davida Alexandra, przewodniczących Brytyjskiej Rady Deputowanych, został wysłany do *londyńskiej* gazety , która opublikowała go 24 maja 1917 r. pod tytułem *„Palestyna i syjonizm, poglądy brytyjskich*

Żydów":

> Ponownie wyrazili swój sprzeciw wobec syjonistycznej teorii o narodzie bez ojczyzny, która – gdyby została powszechnie przyjęta – skutkowałaby wszędzie uznaniem Żydów za anachronizm; jedynym pewnym kryterium była religia. Sygnatariusze stwierdzili również, że katastrofą byłoby przyznanie żydowskim osadnikom w Palestynie specjalnych praw w postaci przywilejów politycznych lub preferencji gospodarczych. Byłoby to sprzeczne z zasadą równych praw dla wszystkich. Naraziłoby to Żydów wszędzie tam, gdzie zapewnili sobie równe prawa, i wciągnęłoby palestyńskich Żydów w najgorzejszą wojnę z sąsiadami innych ras. (Strony 193, 194)

Mądrość i dalekowzroczność poglądów religijnych Żydów niebędących syjonistami znajduje odzwierciedlenie w tragicznych wydarzeniach, które dotknęły Palestynę, która do dziś pozostaje w stanie chaosu. Wiele lat później ich poglądy powtórzyła religijna organizacja żydowska „Przyjaciele Jerozolimy" (Naturei Karta). W serii 12 całostronicowych reklam w „*New York Times*" potępili Państwo Izrael jako państwo nielegalne, utworzone w całkowitej i rażącej sprzeczności z religijnymi Żydami i Torą oraz jako nieszczęście dla ortodoksyjnych Żydów.

ROZDZIAŁ 14

Zdrada rządu brytyjskiego wobec Arabów i Lawrence'a z Arabii

Dzięki sprytnym sztuczkom, w tym zdradzie Lawrence'a z Arabii, oraz tajnym porozumieniom między Anglikami a Francuzami (traktat Sykes-Picot), oba rządy postanowiły podzielić między siebie tereny arabskie po zakończeniu wojny. Brzmi to niesamowicie? Tak, tak właśnie było i mogło się to udać tylko dzięki wsparciu Rotszyldów. Jednym z takich oszustw był list od przywódcy syjonistów, Sokolowa, który wyznaczył innego syjonistę, niejakiego Sachera, do przygotowania projektu skierowanego do Balfoura, w którym stwierdzono, że odtworzenie Palestyny jako państwa żydowskiego było jednym z głównych celów wojennych. Po namyśle Sokolow uznał, że to zbyt ambitne:

> „Jeśli będziemy prosić o zbyt wiele, nie otrzymamy nic" – pogląd ten najwyraźniej podzielał lord Rothschild. Byli jednak zbulwersowani, gdy Ministerstwo Spraw Zagranicznych opublikowało własny projekt, w którym użyto takich terminów jak „azyl", „schronienie" i „sanktuarium" dla ofiar prześladowań Żydów. Nie trzeba dodawać, że projekt ten został odrzucony przez syjonistów, którzy nalegali, że deklaracja nie będzie miała żadnej wartości, jeśli nie zostanie potwierdzona zasada uznania Palestyny za ojczyznę narodową dla narodu żydowskiego. Ostatecznie 18 lipca Rothschild przedstawił Balfourowi kompromisową formułę. Nie wspominała ona o państwie żydowskim, ale o ojczyźnie narodowej.

> (*Historia syjonizmu*, strony 195–196 Sokolow, *Geschite des Zionismus*, British Museum Papers)

Niestety, głosy protestu ze strony religijnych przywódców żydowskich zostały zagłuszone przez polityczny syjonizm, który przy wsparciu Rotszyldów zwyciężył. Ramsey McDonald podsumował swoje odczucia dotyczące takiego podstępnego zachowania:

> Zachęcaliśmy do arabskiego buntu w Turcji, obiecując utworzenie arabskiego królestwa z arabskich prowincji Imperium Osmańskiego, w tym Palestyny.
>
> Jednocześnie zachęcaliśmy Żydów do pomocy, obiecując im, że Palestyna zostanie oddana do ich dyspozycji w celu osadnictwa i sprawowania rządów; a jednocześnie zawieraliśmy z Francją porozumienie Sykes-Picot, dzielące terytorium, o czym poinstruowaliśmy naszego gubernatora generalnego w Egipcie, aby obiecał to Arabom. Jest to historia rażącej dwulicowości i nie możemy uniknąć potępienia, które jest jej następstwem.

Co dokładnie miał na myśli McDonald, mówiąc:

> W tamtym czasie zachęcaliśmy Żydów do pomocy, obiecując im, że Palestyna będzie ich. W jaki sposób Żydzi mieli pomóc w wojnie? Dostarczając ludzi z krajów żydowskich do walki z Turkami, tak jak zrobili to Arabowie?

Nie, to nie było nic takiego. Syjoniści nie dostarczyli żadnych sił, by pomóc Brytyjczykom i Arabom w walce z Turkami. Jak więc pomogli syjoniści?

Przekonali Kongres Stanów Zjednoczonych do wypowiedzenia wojny Niemcom wbrew woli 87% Amerykanów. W ten sposób, za plecami Arabów i innych mieszkańców Palestyny, których przodkowie mieszkali w Palestynie od 7000 lat, Brytyjczycy, przy współudziale Stanów Zjednoczonych, obiecali Palestynę syjonistom, mimo że żadne prawo międzynarodowe nawet w najmniejszym stopniu tego nie sankcjonowało.

Tylko nieliczni protestowali przeciwko temu, co Arnold Toynbee nazwał „katastrofą". Kilku pisarzy, w tym Olivia Maria O'Grady, przyłączyło się do protestu przeciwko planowi podziału Sykes-Picot, który doprowadził do tak zwanej deklaracji Balfoura:

> Przez całą wojnę Anglia i jej sojusznicy nieustannie głosili, że walczą o światową wolność. Jakiego rodzaju wolność zawiera Deklaracja Balfoura? Na jakiej podstawie Wielka Brytania zaproponowała rozporządzenie ziemią innego narodu? Na jakiej podstawie moralnej jeden naród może dążyć do ustanowienia ojczyzny dla obcego ludu na terytorium innego? Palestyna nie należała do Wielkiej Brytanii.

Arnold Toynbee był bardzo cenionym brytyjskim historykiem i znaną osobistością publiczną, który zyskał powszechne uznanie dzięki swojej pracy *„A Study of History"* (*„Studium historii"*), składającej się z dziesięciu tomów i stanowiącej wyczerpującą analizę rozwoju ludzkości w świetle idealistycznej filozofii historii.

Nikt więc nie odważyłby się nazwać McDonalda, Toynbee i Lawrence'a z Arabii „antyjudowskimi" lub „antysemickimi", a groźba tego powstrzymała tak wielu innych o podobnych poglądach przed wypowiedzeniem się przeciwko dwulicowości rządu brytyjskiego, wyrażonej w bezprawnej deklaracji Balfoura. Toynbee wyraził swoje oburzenie zdradą Arabów w sprawie Palestyny w *„Studium historii"*.

> Chociaż bezpośrednia odpowiedzialność za tragedię, jaka dotknęła palestyńskich Arabów w 1948 r., spoczywała na syjonistycznych Żydach, którzy w tym roku siłą zbrojną przejęli dla siebie terytorium w Palestynie, to jednak ogromna odpowiedzialność pośrednia spoczywała na mieszkańcach Wielkiej Brytanii; gdyż syjoniści nie mieliby w 1948 r. n.e. okazji do podbicia kraju arabskiego, w którym

stanowili w 1918 r. n.e. jedynie nieznaczną mniejszość 1918 r., gdyby w ciągu upływających trzydziestu lat Wielka Brytania nie wywierała nieustannie nacisku, aby umożliwić przybycie żydowskich imigrantów do Palestyny, wbrew woli, w pomimo protestów i bez względu na obawy arabskich mieszkańców kraju, którzy w 1918 r. mieli stać się ofiarami tej długo realizowanej brytyjskiej polityki.

Lawrence z Arabii (pułkownik Lawrence), którego z pewnością nie można było oskarżyć o antyżydowskie uprzedzenia ani oczerniać jako „antysemitę", nie milczał w sprawie złamania zobowiązań wobec Arabów:

> Gdybyśmy wygrali wojnę, obietnice złożone Arabom byłyby tylko martwym papierem. Jednak arabski zapał był naszym głównym narzędziem w wygraniu wojny na Wschodzie. Zapewniłem ich więc, że Anglia dotrzymała słowa zarówno w literze, jak i w duchu. Pocieszeni tym, dokonali wielkich rzeczy; ale oczywiście, zamiast być dumnym z tego, co razem osiągnęliśmy, czułem gorzką wstyd.

Inne głosy dołączyły do tego, co Lawrence wyraził jako poczucie całkowitej zdrady, między innymi O'Grady:

> Pułkownik Lawrence miał dobry powód, by się wstydzić. Podczas gdy Arabowie walczyli i ginęli za Anglię, brytyjski minister spraw zagranicznych, Arthur Balfour, wymieniał Palestynę na żydowską obietnicę wciągnięcia Stanów Zjednoczonych do wojny po stronie Anglii. Oprócz tej zdrady, Anglia i Francja, na mocy postanowień traktatu Sykes-Picot, zgodziły się podzielić między siebie ziemie arabskie po zakończeniu wojny.

Przez wiele miesięcy rozmyślałem nad stwierdzeniem Toynbee, ponieważ jego pochodzenie i powiązania sprawiały, że było wysoce nieprawdopodobne, by wyraził on choćby najmniejsze krytyczne odczucia wobec syjonistów lub swoich mentorów, Rockefellera i Rothschilda.

Zgodnie z dokumentami znajdującymi się w archiwach Ministerstwa Wojny (oraz ich kopiami w British Museum) Toynbee był protegowanym lorda Bryce'a, zwolennika filozoficznych radykałów. Toynbee poszedł w ślady Bryce'a, pisząc artykuł do *Encyklopedii Brytyjskiej*, 9. wydania.

Artykuł nosił tytuł *„Niemiecki terror we Francji: historyczny zapis z "* i był bezczelną propagandą antyniemiecką, opublikowaną, co istotne, w Nowym Jorku w 1917 roku. Oczywiście było to podżeganie do pomocy prezydentowi Wilsonowi w jego walce o wciągnięcie Ameryki do wojny w Europie. Chociaż żadnego z zarzutów dotyczących niemieckiej brutalności nie dało się udowodnić, artykuł został powszechnie przyjęty jako prawdziwy.

Było to właśnie takie uzasadnienie, jakiego Wilson potrzebował od członka Balliol College w Oksfordzie, jako powód, dla którego Ameryka musiała wysłać swoich synów na śmierć we Francji, „aby uczynić świat bezpiecznym dla demokracji".

Następnie słyszymy o Toynbee, gdy został mianowany członkiem brytyjskiej delegacji na konferencję pokojową w Paryżu – nie była to prestiżowa pozycja, którą mógłby narażać w momencie planowania swojej przyszłości w Królewskim Instytucie Spraw Międzynarodowych, ramieniu Komitetu 300 zajmującym się polityką zagraniczną.

W związku z tym Toynbee musiał być doskonale zaznajomiony z obietnicami złożonymi szeryfowi Mekki, Husajnowi bin Aliemu i pułkownikowi Lawrence'owi, a także z ogromem późniejszej zdrady zaufania tych dwóch mężczyzn, którzy umożliwili brytyjskie zwycięstwo nad Turkami.

Toynbee był autorem ważnego dzieła, w którym wzywał do utworzenia autorytarnego rządu światowego; egzemplarz tej pracy został przekazany prezydentowi Wilsonowi przez pułkownika House'a i stał się podstawą wielu dyktatów Wilsona oraz Królewskiego Instytutu Spraw Międzynarodowych.

Odkryłem, że Toynbee otrzymał wsparcie finansowe w wysokości ćwierć miliona dolarów, ale nie było bezpośrednich dowodów na to, że był on również finansowany przez Rotszyldów, chociaż mogło istnieć takie powiązanie, biorąc pod uwagę fakt, że to właśnie House przekazał instrukcje, których Wilson miał przestrzegać podczas konferencji Ligi Narodów.

W tym tkwi zalążek katastrofy, źródło zamieszek, które trwają do dziś w Palestynie, a ludzie o sprawiedliwym umyśle, tacy jak ortodoksyjni Żydzi z Naturei Karta, znali dobrze ukrytą historię dotyczącą zdrady Arabów przez Rotszyldów i Balfoura zawartą w tym dokumencie. Ortodoksyjni Żydzi z Naturei Karta nie zgadzają się z koncepcją „żydowskiej ojczyzny". Ten szlachetny ortodoksyjny ruch żydowski sprzeciwia się obecności syjonistów w Palestynie.

Jeśli chodzi o chrześcijan w Europie i Ameryce, popadli oni w stan obojętności wobec losu „innych" mieszkańców Palestyny. Nie przynosi to chwały ani nie służy chrześcijańskiej etyce uczciwości, uosabianej w słowach Chrystusa:

> „Czyńcie innym tak, jak chcielibyście, aby oni czynili wam".

Przez wieki filozofowie, historycy i uczeni stawiali pytanie: dlaczego historia wojen pokazuje, że zawsze rozpoczynają je tak zwane „elity", czyli władcy narodów? Jednym z powodów, jak stwierdził Henry Clay, jest to, że ilekroć wśród ludu pojawia się niezadowolenie, zagrożenie z zewnątrz służy jako pretekst do stłumienia takich niepokojów.

Drugim i być może najważniejszym powodem jest to, że wszystkie wojny mają podłoże ekonomiczne. Ponieważ kontrola nad bankowością i finansami znajduje się w rękach elity, wiadomo, że wywołuje ona wojny dla osiągnięcia korzyści ekonomicznych. Na przykład międzynarodowi bankierzy z grupy zgromadzili ogromne fortuny dzięki I wojnie światowej. Ród Rothschildów osiągnął ogromne zyski, finansując obie strony amerykańskiej wojny secesyjnej.

Istnieje również teoria Bertranda Russella, zgodnie z którą wojny zmniejszają populację. W oczach Komitetu 300 świat jest przepełniony ludźmi, którzy w alarmującym tempie wyczerpują zasoby naturalne. Rozwiązaniem, jak twierdził Russell, jest pozbycie się tak zwanych „bezużytecznych konsumentów", których należy eliminować w regularnych odstępach czasu.

Dziesięć milionów ofiar I wojny światowej nie wystarczyło, by zadowolić Russella, który promował ideę, że w regularnych odstępach czasu należy wywoływać epidemie i pandemie, aby zlikwidować „bezużytecznych konsumentów", którzy uniknęli wojen. Pandemia AIDS została celowo wywołana w nadziei, że zlikwiduje miliony osób z puli „nadmiernej populacji".

Elita opracowała sposoby ochrony swoich członków przed plagami, czego dowodem jest sukces w powstrzymaniu pandemii dżumy w średniowieczu. Jeśli chodzi o służbę wojskową, z jaką mają do czynienia żołnierze piechoty, elita ma na koncie udane taktyki unikania służby, czego dowodem są osiągnięcia prezydenta G.W. Busha i wiceprezydenta Richarda Cheneya. Nie są to odosobnione przypadki, ale można je znaleźć w obfitości w archiwach wszystkich narodów.

ROZDZIAŁ 15

Podstępne podwójne gry

William L. Langer, emerytowany profesor historii na Uniwersytecie Harvarda, dość zwięźle opisał sytuację polityczną w 1915 roku w następujący sposób:

> Kampanie w azjatyckiej Turcji, 1916–1917... Palestyna miała znaleźć się pod administracją międzynarodową. 9 maja 1916 r., porozumienie Sykes-Picot między Wielką Brytanią a Francją... terytoria wymienione w powyższym porozumieniu miały być administrowane przez Francję i Wielką Brytanię, podczas gdy reszta Arabii miała zostać podzielona na strefy wpływów francuskich i brytyjskich, choć zorganizowana jako państwo arabskie lub federacja państw.

W klasycznym niedopowiedzeniu profesor Langer dodał następnie:

> „Porozumienia te nie były w pełni zgodne z innymi umowami zawartymi z arabskimi przywódcami, umowami, które w rzeczywistości nie były ze sobą zgodne".

Innymi słowy, ustanowiono dwa różne mandaty, oferujące dwa zestawy celów, z których jeden był całkowicie nieznany Arabom.

Czy w historii zdarzyło się kiedykolwiek, aby takie działania prezydenta Stanów Zjednoczonych zostały zatwierdzone? Czy zgodnie z Konstytucją Stanów Zjednoczonych Wilson miał prawo prowadzić negocjacje, zasadniczo w tajemnicy, z osobami prywatnymi, które nie były oficjalnie upoważnione przez swój rząd? Odpowiedź na te pytania musi być przecząca. Konsekwencje dla rządu Stanów Zjednoczonych i dla narodu amerykańskiego były daleko idące i upokarzające. Co więcej, nigdy nie udzielono obywatelom amerykańskim wyjaśnienia , dlaczego Deklaracja Balfoura została przedłożona Lionelowi Rothschildowi do akceptacji, skoro nie pełnił on żadnej oficjalnej funkcji? Już z tego powodu Deklaracja Balfoura była i jest dokumentem fałszywym. Jest oczywiste, że już w tym momencie rząd brytyjski zaczął prowadzić podwójną grę wobec Arabów i ich genialnego przywódcy, pułkownika Thomasa Edwarda Lawrence'a, znanego jako „Lawrence z Arabii".

Następnie profesor Langer cofa się o dwa lata, do 31 października 1914 r., i przedstawia pełny opis położenia geograficznego Arabów oraz działań Wielkiej Brytanii mających na celu wyrwanie zwycięstwa z rąk porażki w wojnie na Bliskim Wschodzie:

> Lord Kitchener (dowódca sił brytyjskich) zaoferował Husajnowi, wielkiemu szeryfowi Mekki, warunkową gwarancję niepodległości. Negocjacje między szeryfem a rządem brytyjskim rozpoczęły się w lipcu 1915 r. 30 stycznia 1916 r. Brytyjczycy zaakceptowali warunki Husajna, pozostawiając nieokreślony dokładny status Bagdadu i Basry oraz strefy wpływów francuskich w Syrii.

Warto zauważyć, że nie ma tu żadnej wzmianki o „ojczyźnie żydowskiej" w Palestynie zarezerwowanej dla Żydów.

> 5 czerwca 1916 r. rozpoczęły się arabskie powstania w Hidżazie oraz atak na turecki garnizon w Medynie.
>
> 7 czerwca Husajn ogłosił niepodległość Hidżazu, a (turecki) garnizon w Medynie poddał się.
>
> 29 października Husajn został ogłoszony królem wszystkich Arabów. Wezwał Arabów do wypowiedzenia wojny Turkom.

15 grudnia rząd brytyjski uznał Husajna za króla Hidżazu i wszystkich Arabów. Głównie w celu wzmocnienia arabskiego powstania sir Archibald Murray (dowódca w Egipcie od 19 marca 1916 r.) zdecydował się na ostrożną ofensywę na Synaju i w Palestynie. Podczas wszystkich tych zmian i działań wojskowych ani razu nie padła żadna wzmianka o „ojczyźnie żydowskiej" w Palestynie jako części jakichkolwiek negocjacji i porozumień między rządem brytyjskim a Arabami. Z całą pewnością można bezpiecznie założyć, że gdyby o tym wspomniano, Arabowie sprzeciwiliby się temu na miejscu i nigdy nie zajęliby El Arish. Większość historyków zgadza się co do tego kluczowego punktu.

21 grudnia 1916 r. Brytyjczycy zajęli El Arish po zbudowaniu linii kolejowej i rurociągu przez pustynię. W dniach 17–19 kwietnia 1917 r. Brytyjczycy zostali zmuszeni do odwrotu przez połączone siły Turków i Niemców, ponosząc ciężkie straty. 28 czerwca Murray został zastąpiony przez sir Edmunda Allenby'ego.

6 lipca na scenę wkroczył wybitny bohater wojenny, pułkownik Thomas E. Lawrence, który ożywił ruch arabski i zdobył Akabę, rozpoczynając w ten sposób błyskotliwe ofensywy przeciwko tureckim garnizonom, a zwłaszcza przeciwko strażom linii kolejowej Hidżaz, stanowiącej najważniejsze ogniwo tureckiej sieci komunikacyjnej. Historia potwierdza, że wszystkie te walki toczone wzdłuż linii kolejowej Hidżaz oraz w rejonie Akaby były prowadzone wyłącznie przez siły arabskie pod dowództwem Thomasa E. Lawrence' a. W tych kluczowych kampaniach nie brały udziału żadne oddziały brytyjskie i nie ma żadnej wzmianki o udziale sił żydowskich. Langer i inni historycy chętnie przyznają, że bez pomocy Arabów Brytyjczycy nie byliby w stanie wyprzeć Turcji z Arabii i Palestyny. Z perspektywy czasu to właśnie Arabowie pod dowództwem Lawrence'a wyparli Turków z Arabii i Palestyny. Całkowicie nielogiczne jest wierzyć, że Arabowie pod dowództwem Lawrence'a i pod wpływem jego obietnic zrobili to, wiedząc, że nagrodą za ich walkę ma być „ojczyzna dla Żydów".

Następnie Langer dodaje:

> Na froncie palestyńskim nowy brytyjski dowódca, gen. Edmund Allenby, rozpoczął natarcie w październiku 1917 r. ... 9 grudnia Allenby zdobył Jerozolimę. Postępy Brytyjczyków opóźnił fakt, że Allenby był zmuszony wysłać duże kontyngenty swojej armii do Francji, aby stawić czoła kryzysowi na froncie we Francji, gdzie armia brytyjska ponosiła ciężkie straty, oraz powstrzymać zwycięskie natarcie Niemców. Armia brytyjska nakazała wszystkim swoim siłom walczącym w Mezopotamii i Turcji powrót na fronty niemiecki i francuski, aby pomóc powstrzymać natarcie wojsk francuskich i niemieckich w Europie.

Podejrzewam, że w Palestynie nie pozostały żadne oddziały brytyjskie poza kilkoma oddziałami garnizonowymi i zaopatrzeniowymi, a zdecydowana większość została wysłana do Francji 18 marca 1918 r. Stwierdzenie Langera, że siły brytyjskie otrzymały istotną pomoc od Arabów, jest błędne. To siły arabskie, wspierane przez nieliczne oddziały brytyjskie pozostawione na miejscu po wysłaniu głównych sił armii brytyjskiej do Francji, wykonały większość pracy bojowej. Langer dodał, że to siły brytyjskie położyły kres obecności tureckiej w Palestynie. Uważam, że jego relacja jest ewidentnie błędna.

To siły arabskie położyły kres obecności tureckiej w Palestynie. W głównych bitwach w Palestynie nie brały udziału żadne oddziały francuskie, brytyjskie ani żydowskie. Jest to fakt bezsporny. Toynbee i Lawrence byli przerażeni i wyrazili oburzenie wobec raportu Langera, który ukazał się w londyńskim „Timesie", uznając go za fałszywy. Jest oczywiste, że pozbawiony swoich brytyjskich żołnierzy Allenby musiał polegać na siłach arabskich, aby kontynuować swoją kampanię przeciwko Turkom, wiedząc, że doświadczeni w walce Arabowie wyprą Turków z Palestyny podczas kampanii z 8 września 1918 roku. Langer stwierdza:

> Brytyjczycy przełamali tureckie linie w pobliżu Morza

Śródziemnego i zaczęli zwijać siły wroga. Siły brytyjskie, wspierane materialnie przez Arabów pod dowództwem Lawrence'a, były teraz w stanie posuwać się na północ.

Również w tym przypadku Langer bardzo stara się zminimalizować kluczową rolę, jaką odegrały siły arabskie, które wykonały większość pracy bojowej. Na stronie 316 swojej książki historyk O'Grady przedstawiła swoją opinię na temat wydarzeń w Palestynie:

Wraz z marszem armii brytyjskiej na Ziemię Świętą, perspektywy żydowskiej dla Palestyny z rąk cesarza zaczęły blaknąć. Gdyby Wielka Brytania zagwarantowała światowej społeczności żydowskiej przyczółek w Palestynie, światowa społeczność żydowska pracowałaby na rzecz Wielkiej Brytanii. Negocjacje z rządem brytyjskim rozpoczęły się w lutym 1917 r., a głównym pośrednikiem był sir Mark Sykes. 2 listopada 1917 r. lord Balfour podsumował wyniki tajnych rozmów i obszernej korespondencji między prywatnymi osobami w Stanach Zjednoczonych w liście skierowanym do Lionela Rothschilda, niekoronowanego króla Izraela.

List ten stał się znany jako *Deklaracja Balfoura* i brzmiał następująco:

> *Szanowny Panie Rothschild, z wielką przyjemnością przekazuję Panu, w imieniu rządu Jego Królewskiej Mości, następującą deklarację wyrażającą poparcie dla żydowskich aspiracji syjonistycznych, która została przedłożona i zatwierdzona przez rząd.*
>
> *Rząd Jego Królewskiej Mości przychylnie odnosi się do utworzenia w Palestynie narodowej ojczyzny dla narodu żydowskiego i dołoży wszelkich starań, aby ułatwić osiągnięcie tego celu, przy czym jasno rozumie się, że nie zostaną podjęte żadne działania, które mogłyby naruszyć prawa obywatelskie i religijne społeczności nieżydowskich w Palestynie lub prawa i status polityczny, z których korzystają Żydzi w jakimkolwiek innym kraju. Będę wdzięczny, jeśli*

> *przekażesz tę deklarację do wiadomości Federacji Syjonistycznej.*

Żydzi pracowali wytrwale, aby przekonać opinię publiczną nieżydowską, że lord Balfour, dostrzegając „sprawiedliwość" ich sprawy, napisał deklarację po „sprzedaniu" tego pomysłu rządowi brytyjskiemu. Informując o wydaniu listu, syjoniści stwierdzili:

> „Deklaracja Balfoura jest słusznie tak nazwana, nie tylko dlatego, że to sir Arthur Balfour, jako minister spraw zagranicznych, napisał ten historyczny list, ale także dlatego, że to on, bardziej niż jakikolwiek inny polityk, jest odpowiedzialny za politykę zawartą w Deklaracji".

Aby być sprawiedliwym wobec narodu żydowskiego, szukałem, ale nie znalazłem żadnej wzmianki o Lawrence'u z Arabii ani szeryfie Husajnie, ani o żadnym z przywódców ludności zamieszkującej Palestynę pod panowaniem , z którymi Balfour lub Sykes mieliby się konsultować, mimo że przeprowadzono skrupulatne poszukiwania, aby sprawdzić, czy coś takiego zostało może odnotowane i umknęło uwadze badaczy, ale tak nie było. Kontynuując cytat z O'Grady'ego:

> I oczywiście nic nie mogło być dalsze od prawdy. Pierwotny projekt został napisany przez samych Żydów. Kim był sędzia Brandeis, który go redagował? Brandeis był skrajnie lewicowym socjalistą z Partii Demokratycznej w USA, sędzią Sądu Najwyższego Stanów Zjednoczonych i członkiem kilku organizacji syjonistycznych. Przez cały czas trwania negocjacji Arthura Balfoura i lorda Rothschilda, w których nigdy nie brał udziału szeryf Hussein ani Lawrence z Arabii, Brandeis działał jako obywatel Stanów Zjednoczonych i nigdy nie został upoważniony przez Kongres ani Departament Stanu do pełnienia funkcji rzecznika rządu USA.

Historyk O'Grady stwierdza, że „prezydent Wilson to zatwierdził". Rodzi to ważne pytania: kiedy Wilson zaangażował się w „dyskusje" między Brandeisem, Lionelem Rothschildem, lordem Balfourem i Amerykańską Partią Syjonistyczną, czy działał w innym charakterze niż jako prezydent?

* Jeśli nie, to czy Wilson działał oficjalnie w roli prezydenta USA?

* Czy Kongres zatwierdził działania Wilsona i czy były one finansowane przez Kongres?

* Jeśli tak, to czy Wilson został upoważniony przez uchwałę Kongresu Stanów Zjednoczonych do działania w jakimkolwiek charakterze?

> Prezydent Wilson zatwierdził ją, a następnie przekazano ją Balfourowi do podpisu. Żadne wydarzenie w historii Stanów Zjednoczonych nie jest bardziej upokarzające. Nie ma żadnego wyjaśnienia, dlaczego Deklaracja została napisana przez Brandeisa, który nie piastował żadnego stanowiska rządowego, a następnie przekazana Lionelowi Rothschildowi , który nie pełnił żadnej oficjalnej funkcji w brytyjskim rządzie. (Maria O'Grady)

Kulisy tych wydarzeń wyjaśnia dr Jacob de Haas w swojej biografii sędziego Brandeisa:

> W Londynie sporządzono znaczną liczbę projektów [Deklaracji Balfoura], które przekazano do Stanów Zjednoczonych kanałami Ministerstwa Wojny do użytku Amerykańskiego Komitetu Politycznego Syjonistów. Dominacja Amerykanów w radach wojennych skłoniła Brytyjczyków do zwrócenia się do prezydenta Wilsona o zgodę i zatwierdzenie terminologii deklaracji przed jej wydaniem.
>
> Projekt, który został przesłany telegraficznie między rządami, został przekazany reżimowi Brandeisa do zatwierdzenia. Po niezbędnej rewizji prezydent Wilson, działając za pośrednictwem pułkownika House'a, który w

> pełni popierał cele syjonistyczne, zezwolił na przesłanie telegraficznie do rządu brytyjskiego wersji, która została opublikowana i którą z kolei zatwierdziły wszystkie rządy sprzymierzone.
>
> „Reżim Brandeisa" odnosi się do Tymczasowego Komitetu ds. Ogólnych Spraw Syjonistycznych, którego przewodniczącym był Brandeis. Czy czytelnik potrafi to sobie wyobrazić! Przesyłane telegraficznie projekty, Stany Zjednoczone, brytyjskie Ministerstwo Wojny – wszyscy działający na korzyść syjonistów! Jaką ogromną władzę oni sprawują!

Ponownie nie ma żadnej wzmianki o tym, by w jakikolwiek sposób konsultowano się z Husajnem, Lawrence'em, przywódcami arabskimi czy mieszkańcami Palestyny, nie wydaje się też, by Kongres Stanów Zjednoczonych wiedział cokolwiek o tajnych negocjacjach między nieamerykańskim komitetem rządu Brandeisa a lordem Rothschildem, Wilsonem i Balfourem. Konsultowano się wyłącznie z syjonistami.

> Większość badaczy żydowskich intryg podejrzewała zarówno brytyjskie, jak i żydowskie intrygi oraz cele stojące za deklaracją Balfoura. Chociaż Stany Zjednoczone były w stanie wojny już od prawie siedmiu miesięcy, kiedy deklaracja została upubliczniona , jej znaczenie jako czynnika, który zaangażował Stany Zjednoczone, nie pozostało niezauważone.
>
> Dostępnych było wiele dowodów, na podstawie których można było wyciągnąć trafne wnioski. Negocjacje rządowe dotyczące umów tego rodzaju są jednak zawsze tajne i zazwyczaj bardzo trudno jest uzyskać rozstrzygające dowody w momencie zawierania transakcji.
>
> Kiedy wydarzenie jest nieodwracalne i ginie w mgle przeszłości, ludzie mają skłonność do pisania wspomnień i chwalenia się tajnymi wyczynami, które niegdyś wstrząsnęły światem. Tak było w przypadku pana Landmana. Był on

honorowym sekretarzem Drugiej Wspólnej Rady Syjonistycznej Wielkiej Brytanii, redaktorem „Zionist" oraz sekretarzem i radcą prawnym Organizacji Syjonistycznej. Później był doradcą prawnym Nowej Organizacji Syjonistycznej.

W artykule zatytułowanym *„Wielka Brytania, Żydzi i Palestyna"*, opublikowanym w *londyńskim „Jewish Chronicle"* z 7 lutego 1936 r., pan Landman pisze między innymi:

> W krytycznych dniach wojny, w 1916 r., kiedy zbliżało się wycofanie się Rosji, a opinia publiczna Żydów była ogólnie antyrosyjska, a także istniała nadzieja, że Niemcy, jeśli odniosą zwycięstwo, w pewnych okolicznościach przekażą im Palestynę, sojusznicy podjęli kilka prób wciągnięcia Ameryki do wojny po swojej stronie. Próby te zakończyły się niepowodzeniem.
>
> Pan George Picot z ambasady francuskiej w Londynie oraz Gout z Sekcji Wschodniej Quai d'Orsay, który pozostawał wówczas w bliskim kontakcie z nieżyjącym już sir Markiem Sykesem z Sekretariatu Gabinetu, wykorzystali okazję, aby przekonać przedstawicieli rządów brytyjskiego i francuskiego, że najlepszym i być może jedynym sposobem skłonienia prezydenta Stanów Zjednoczonych do przystąpienia do wojny jest zapewnienie sobie współpracy syjonistycznej społeczności żydowskiej poprzez obietnicę przyznania jej Palestyny.
>
> W ten sposób alianci pozyskali i zmobilizowali dotychczas nieoczekiwaną potężną siłę syjonistycznej społeczności żydowskiej w Ameryce i innych miejscach na korzyść aliantów na zasadzie quid pro quo. W tym czasie prezydent Wilson przywiązywał największą wagę do rad sędziego Brandeisa.
>
> Sir Mark uzyskał zgodę gabinetu wojennego na upoważnienie pana Malcolma do nawiązania kontaktu z syjonistami na tych zasadach; ani Mark Sykes, ani pan Malcolm nie wiedzieli, kim byli przywódcy syjonistów, i to

> do pana L. J. Greenberga pan Malcolm zwrócił się o informację, do kogo powinien się zwrócić... Syjonistom udało się wypełnić swoją część umowy i pomogli wciągnięciu Ameryki do sprawy, a deklaracja Balfoura z 2 listopada 1917 r. była jedynie publicznym potwierdzeniem ustnej umowy z 1916 r.
>
> To ustne porozumienie zostało zawarte za uprzednią zgodą i aprobatą nie tylko rządów brytyjskiego, francuskiego, amerykańskiego i innych państw alianckich, ale także przywódców arabskich... Jak już szczegółowo wyjaśniono w innym miejscu, dr Weitzman i pan Sokolow wiedzieli, że pan James Malcolm przybył do nich jako wysłannik brytyjskiego gabinetu wojennego, który upoważnił go do oświadczenia w ich imieniu, że Anglia przekaże Palestynę Żydom w zamian za pomoc syjonistów, poprzez sędziego Brandeisa, w nakłonieniu Stanów Zjednoczonych do udzielenia pomocy aliantom. Zarówno sir Mark Sykes, jak i pan Malcolm poinformowali arabskich przedstawicieli w Londynie i Paryżu, że bez pomocy Stanów Zjednoczonych perspektywy powstania jakiegokolwiek państwa arabskiego po wojnie są niepewne i że w związku z tym muszą zgodzić się, aby Palestyna trafiła do Żydów w zamian za ich pomoc w pozyskaniu Stanów Zjednoczonych.

Po wielu żmudnych poszukiwaniach nie udało mi się znaleźć nazwisk „arabskich przedstawicieli w Paryżu i Londynie", którzy rzekomo zostali poinformowani o spisku mającym na celu złamanie obietnic złożonych Husajnowi bin Ali, szeryfowi Mekki i Medyny, oraz pułkownikowi Lawrence'owi. Pan Landman również nie wymienia tych tajemniczych „arabskich przedstawicieli". Rodzi to pytanie: „dlaczego?". Skoro wymienia on wszystkich innych z imienia i nazwiska, dlaczego „arabskich przedstawicieli" pozostawia w anonimowości?

Nie ulega wątpliwości, że ani Lawrence, ani Hussein bin Ali nie zostali poinformowani o tym, co się działo, podczas gdy ryzykowali życie swoje i swoich ludzi w wojnie z Turcją; nie znaleziono też żadnych dowodów na to, że ci dwaj mężczyźni wiedzieli cokolwiek o tajnych negocjacjach z syjonistami, ani że poproszono ich o wysłanie swoich przedstawicieli do Londynu i Paryża. Poinformowano syjonistów, ale nie amerykański naród, na którego barkach miała się toczyć ta wojna.

ROZDZIAŁ 16

„Perfidious Albion" zasługuje na swoją reputację

> W każdym razie, podobnie jak zwykli Amerykanie, Lawrence i Hussein bin Ali nie mieli pojęcia o tym, co Ramsey McDonald nazwał „potrójną umową", zawieranej za ich plecami. A kiedy nadszedł czas, by Wilson wciągnął Amerykę w europejski konflikt wbrew woli ogromnej większości, jego słabym pretekstem było to, że wojna miała na celu „zapewnienie światu bezpieczeństwa dla demokracji". Zdrada popełniona przez Wilsona trwa do dziś. Dr Bella Dodd napisała w 1930 roku, że sytuacja za rządów Wilsona była tak zła, że czuł on, iż „współczesna historia jest w dużej mierze spiskiem przeciwko prawdzie" (*The Conspiracy Against God and Man*, strona 9).

Odkryłem, że gdyby nie wsparcie barona Edmonda Rothschilda, osady rosyjskich syjonistów założone w Rison, Zikron i Rosh Pina upadłyby i praktycznie nie byłoby obecności żydowskiej w Palestynie. Była to kluczowa część strategii Rothschilda, aby stworzyć wrażenie, że Żydzi już mieszkają w Palestynie – podstęp, który zadziałał.

Rothschild pomógł również w założeniu dwóch nowych kolonii, Ekron i Medull. Pod koniec wieku istniało łącznie dwadzieścia jeden osad rolniczych, ale Rothschild nie ufał zdolnościom kolonistów z i nalegał na zachowanie bezpośredniego nadzoru i kontroli nad osadami. Hubert Herring w swojej książce „And So To War" podsumowuje cenę, jaką Stany Zjednoczone musiały zapłacić, aby syjoniści mogli otrzymać Palestynę:

> Zapłaciliśmy za wojnę. Zapłaciliśmy życiem 126 000 poległych oraz 234 300 okaleczonych i rannych. Zapłaciliśmy rozbiciem życia setek tysięcy ludzi, których wojna wyrwała z ich zwyczajowych miejsc w pokojowym świecie. Zapłaciliśmy niezmierzoną szkodą dla naszego narodowego morale spowodowaną szaleństwem wojennej histerii. Zapłaciliśmy okresem chaosu gospodarczego, z którego wciąż nie wyszliśmy. Bezpośredni koszt wojny wyniósł pięćdziesiąt pięć miliardów dolarów. Kosztu pośredniego nigdy nie da się oszacować.

A jaka była rekompensata ze strony syjonistów? O ile mogłem to ustalić, sprowadzała się ona do absolutnego zera. Ciekawym dygresem była porażka Herzla w uzyskaniu błogosławieństwa papieża Piusa X dla żydowskiej imigracji do Palestyny:

> Nie możemy poprzeć tego ruchu. Nie możemy powstrzymać Żydów przed wyjazdem do Jerozolimy, ale nigdy nie moglibyśmy tego sankcjonować.

Według *książki „A History of Zionism"* (*Historia syjonizmu*), strony 129–130, rozmowa ta miała miejsce podczas spotkania z papieżem w 1903 roku, co oznacza, że lord Arthur Balfour wiedział o silnym sprzeciwie Kościoła katolickiego wobec syjonistycznej imigracji do Palestyny na długo przed podpisaniem deklaracji, ale nikomu o tym nie poinformował. Tak więc schemat podwójnej gry był już widoczny w 1903 roku.

Katolicki sprzeciw wobec Izraela mógł przyczynić się do gwałtownej nienawiści Rotszyldów do Rosji, gdzie mieszkała duża populacja chrześcijańska.

Herzl, ojciec syjonizmu, zmarł w wieku 44 lat. Według *książki „A History of Zionism"* nigdy nie dogadywał się zbyt dobrze z Rothschildami ani z ortodoksyjnymi Żydami, których czołowi rabini nie lubili jego autokratycznego stylu. Herzl zawsze chciał mieć ostatnie słowo we wszystkim.

Jak wskazywali krytycy Herzla, w samym Herzlu było

> bardzo mało tego, co specyficznie żydowskie. Wyłania się to być może jeszcze wyraźniej w jego wizji państwa żydowskiego... Herzl wyobrażał sobie nowoczesne, zaawansowane technologicznie i oświecone państwo, oświecone przez Żydów, ale niekoniecznie państwo żydowskie. (*A History of Zionism*, strony 132–133)

Trudno argumentować, że Herzl był zainteresowany Palestyną jako religijną „ojczyzną" dla Żydów, zwłaszcza w świetle faktu, że większość nowych osadników pochodziła z Rosji i nie miała wcześniej żadnych powiązań z Palestyną, a rosyjscy Żydzi nigdy wcześniej tam nie mieszkali, ani nie byli szczególnie religijni.

Lacquer wyjaśnia to bardzo jasno. Lord Chamberlain wyszedł z propozycją zapewnienia Żydom „ojczyzny" w Ugandzie, mimo że Uganda nie była ziemią, którą rząd brytyjski mógłby oddać. Chamberlain powiedział Herzlowi, że był na wycieczce po Ugandzie i pomyślał: „Oto ziemia dla doktora Herzla, ale oczywiście on chce tylko Palestyny lub jej okolic". Miał rację. Herzl odrzucił ten pomysł. Był całkowicie skupiony na Palestynie i nic innego nie wchodziło w grę. 30 maja 1903 roku napisał do Rothschilda: Nie jestem zniechęcony. Mam już bardzo wpływowego człowieka, który mi pomoże. (*A History of Zionism*, Walter Laqueur, strony 122, 123) Tak właśnie wyglądał autokratyczny styl działania Herzla.

Chociaż nie udało mi się odkryć żadnych bezpośrednich powiązań między rodziną Rothschildów a sir Halfordem Mackinderem, takich jak korespondencja prowadzona za pośrednictwem osób trzecich, sugerująca, że obaj konsultowali się w wielu sprawach, zwłaszcza przy opracowywaniu planu przyszłego rządu światowego – Nowego Porządku Świata, którego realizację powierzono Mackinderowi. Mackinder, protegowany London School of Economics, która była wylęgarnią idei komunistycznych, prezentował jednak konserwatywny wizerunek i uważa się, że wywarł wpływ na prezydenta Wilsona podczas konferencji pokojowej w Paryżu w kwestii kroków, jakie należy podjąć, aby wprowadzić Nowy

Porządek Świata poprzez mandat Ligi Narodów. Nie ulega wątpliwości, że Rotszyldowie wnieśli ogromny wkład w realizację marzenia o światowym socjalizmie. Miesiąc po przybyciu Wilsona na konferencję pokojową w Paryżu ukazała się nowa książka Mackindera z serii zatytułowana „*Ideały demokratyczne a rzeczywistość*". Moment wydania tej książki nie był przypadkowy.

W swojej książce Mackinder wezwał do ustanowienia Nowego Porządku Świata (NWO) w ramach jednego rządu światowego, rzekomo Ligi Narodów. Jeśli celu tego nie dałoby się osiągnąć pokojowymi, dobrowolnymi środkami, należało uciec się do siły.

Mackinder przyznał, że chociaż Nowy Porządek Świata byłby idealnie instytucją demokratyczną, nie można było oczekiwać, że czasami nie będzie to dyktatura. Syjoniści twierdzili, że Liga Narodów była ich koncepcją, o czym wspomina Maria O'Grady w swojej książce, w której stwierdziła:

> Prezydent Wilson był otoczony przez żydowskie grono finansistów, popychanych tu i tam przez złowrogiego pułkownika House'a i doradzanych przez syjonistę Brandeisa. (Strona 342)

Syjonistom bardzo podobała się koncepcja Ligi Narodów i twierdzili, że to ich dzieło:

> Liga jest pomysłem żydowskim – powiedział Nahum Sokolow podczas konferencji w Karlowych Warach. Stworzyliśmy ją po 25 latach walki.

Ostateczny rząd światowy zdominowany przez socjalistów jest od dawna celem socjalizmu i powszechnie wiadomo, że koncepcja ta była popierana przez Rotszyldów. Jako członek ich rodziny , Jacob Schiff ciężko pracował nad utworzeniem Ligi Narodów. Otrzymała ona darowiznę w wysokości 3000 funtów od N. M. Rotszylda z londyńskiego oddziału rodziny. Jak zobaczymy, mogło to mieć ukryty motyw, ponieważ Liga miała odegrać decydującą rolę w przyznaniu rządowi brytyjskiemu mandatu na Palestynę, co było decydującym krokiem na drodze do przyznania Żydom „ojczyzny" w Palestynie. Mając to na uwadze, wracam do lorda Balfoura i jego tak zwanej „Deklaracji Balfoura", opartej na dwulicowości, oszustwie i tajnych porozumieniach za plecami pułkownika Lawrence'a i Arabów.

Balfour pośpiesznie wyjaśnił, że „ojczyzna żydowska" w Palestynie nie oznacza narzucenia państwa żydowskiego mieszkańcom Palestyny, ale w świetle późniejszych wydarzeń okazało się, że właśnie to stało się celem syjonistów. Jak ujął to Balfour:

> ... ale dalszy rozwój istniejącej społeczności żydowskiej, aby stała się ona centrum, w którym naród żydowski jako całość mógłby czerpać, ze względu na religię i rasę, zainteresowanie i dumę.

Balfour pominął fakt, że nic, co zrobili lub powiedzieli Brytyjczycy, nie mogło przesłonić faktu, że Palestyna nie należała do nich, aby mogli ją rozdawać, ani że rząd brytyjski nie miał najmniejszego prawa do uzyskania mandatu dla Palestyny. Jednak Balfour, wspierany przez lorda Nathana Rothschilda, i tak kontynuował swoje działania, jakby obaj mężczyźni mieli nieodłączne prawo do arbitralnego postępowania, jakie uznali za stosowne.

Lord Balfour całkowicie zlekceważył prawa Arabów i innych grup ludności, w tym chrześcijan, sięgające ponad 7000 lat wstecz. Nikt inny jak Walter Laqueur, jeden z czołowych ekspertów w dziedzinie syjonizmu, potwierdził, że większość Żydów, którzy mieli zamieszkać w Palestynie na mocy deklaracji Balfoura, pochodziła z Rosji. Nie mieli oni wcześniej żadnych powiązań z Palestyną. Laqueur zwrócił również uwagę, że rosyjscy Żydzi nie byli zbyt zadowoleni z wykorzenienia z Rosji i wysłania do Palestyny:

> Rosyjska społeczność żydowska była podzielona w swoim

> stosunku do syjonizmu i żydowskiej ojczyzny narodowej (ojczyzny religijnej) i w żadnym wypadku nie byłaby w stanie utrzymać Rosji w wojnie. Z drugiej strony, mówiąc nieco dosadnie, alianci wygraliby wojnę, nawet gdyby nie złożono żadnych obietnic syjonistom.

Laqueur wyjaśniał, choć nieco pośrednio, „umowę", jaką syjoniści zawarli z Balfourem, a mianowicie, że jeśli syjoniści zdołają wciągnąć Stany Zjednoczone do wojny po stronie aliantów, Brytyjczycy w zamian utworzą żydowską ojczyznę w Palestynie.

> Podczas prywatnego spotkania wkrótce po przyjęciu deklaracji Balfoura, zapytany, czy jego zamiarem było pozyskanie żydowskiego poparcia w wojnie, Balfour odparł ostro: „z pewnością nie" i wyjaśnił, że czuł, iż odgrywa kluczową rolę w naprawianiu krzywdy o wymiarze historycznym. W 1922 roku Balfour wygłosił przemówienie, w którym stwierdził, że cała kultura europejska była winna wielkich zbrodni przeciwko Żydom, a Wielka Brytania podjęła inicjatywę, dając im możliwość rozwijania w pokoju wielkich talentów, które w przeszłości mogli wykorzystywać w krajach diaspory. (*A History of Zionism*, strona 203)

Balfour nie wyjaśnił, dlaczego uznano za legalne przekazanie Palestyny Żydom, skoro należała ona do ludu, który mieszkał tam od 7000 lat, zwłaszcza że zaproponowano im duży obszar na Madagaskarze, a także ziemię w Ugandzie, które zostały odrzucone bez dyskusji. Balfour nie wyjaśnił również, że jego wielkoduszny gest na rzecz Żydów miałby odbywać się kosztem arabskiej i innych nieżydowskich społeczności Palestyny. Nigdy nie wyjaśnił, jakie powiązania z Palestyną miała większość nowych osadników, którzy przybywali z Rosji.

Według dr. Jacoba de Haasa, altruistyczne zapewnienia Balfoura należy poddać w wątpliwość, ponieważ prawdziwym motywem Deklaracji było skłonienie Stanów Zjednoczonych do przystąpienia do wojny po stronie aliantów.

Potwierdzenie prawdziwych motywów stojących za Deklaracją Balfoura pochodzi z innego wiarygodnego źródła, Congressional Record z 25 kwietnia 1939 r., strony 6597–6604, które odzwierciedla przemówienie wygłoszone w Senacie Stanów Zjednoczonych przez senatora Nye'a:

> Ukazała się seria publikacji pod tytułem „Następna wojna". Jeden z tomów tej serii nosi tytuł „Propaganda w następnej wojnie". Autorem tego konkretnego tomu jest niejaki Sydney Rogerson.
>
> Nie udało mi się znaleźć żadnych informacji na temat jego przeszłości, ale redaktorem naczelnym wszystkich tych publikacji, w tym tej zatytułowanej („Propaganda w następnej wojnie"), jest człowiek, którego nazwisko jest znane na całym świecie jako autorytet w Wielkiej Brytanii. Jest to nikt inny jak kapitan Liddell Hart, związany z *londyńskim „Timesem*", pisarz i autorytet wojskowy w Europie.
>
> Rozumiem, że ten konkretny tom „Propaganda in the Next War", opublikowany jesienią ubiegłego roku i wprowadzony do obiegu, zamiast zwiększyć nakład, cierpi obecnie z rąk tych, którzy pragną wycofać go z obiegu. Kilka dni temu pojawiłem się na sali senackiej z samym tomem. Żałuję, że nie mam go dzisiaj przy sobie . Powiedziano mi, że jest to jedyny egzemplarz „Propagandy w następnej wojnie" dostępny w Stanach Zjednoczonych. Można go dostać, mogę go pożyczyć, jeśli zajdzie potrzeba, bym go użył w Senacie, ale nie jest już łatwo go zdobyć. Chciałbym mieć całe dzieło i chciałbym, by każdy członek Senatu mógł je przeczytać.

Poniżej zamieszczam cytaty z *książki „Propaganda w następnej wojnie*":

> Od czasu do czasu kwestia, po której stronie opowiedzą się Stany Zjednoczone, wisiała na włosku, a ostateczny wynik był zasługą naszej zbezczeszczonej machiny. Pozostają Żydzi. Szacuje się, że spośród 15 000 000 ludności świata nie

> mniej niż 5 000 000 mieszka w Stanach Zjednoczonych; 25 procent ludności Nowego Jorku to Żydzi. Podczas Wielkiej Wojny przekupiliśmy tę ogromną społeczność żydowską obietnicą utworzenia ojczyzny narodowej w Palestynie, co Ludendorff uznał za mistrzowski ruch propagandowy, ponieważ pozwoliło nam to przemówić nie tylko do Żydów w Ameryce, ale także do Żydów w Niemczech.

George Armstrong w swojej pracy „*The Rothschild Money Trust*" wyjaśnia, jak do tego doszło:

> Nie ma wątpliwości, że przed drugimi wyborami prezydenckimi w 1916 roku prezydent Wilson trzymał nas z dala od wojny. Nie ma również wątpliwości, że został wybrany dzięki temu hasłu. Dlaczego wkrótce po wyborach zmienił zdanie? Dlaczego zawarł porozumienie z rządem brytyjskim, aby pomóc aliantom? Do tej pory pozostawało to niewyjaśnioną tajemnicą.

ROZDZIAŁ 17

„Potrójna zdrada" decyduje o losie Palestyny

Ramsey McDonald określił deklarację Balfoura jako „potrójną zdradę", jednak Liga Narodów popełniła swój pierwszy błąd z całej serii, przyznając Wielkiej Brytanii mandat 23 września 1923 r., udowadniając już na samym początku, że nie jest to organ bezstronny w żadnym znaczeniu tego słowa. Cytując deklarację Balfoura w preambule Komisji Mandatowej, zajmowała się ona problemami imigracji i sposobami ich rozwiązania, proponując szereg artykułów, z których najbardziej przekonujący był artykuł 22. Nigdzie nie poruszała kwestii oddania przez Wielką Brytanię ziemi, której nie posiadała:

> Mając na uwadze, że Liga Narodów oświadcza: „Tam, gdzie ludność nie jest jeszcze w stanie samodzielnie funkcjonować, należy ustanowić dla niej mechanizmy rządowe zgodnie z powszechnie przyjętym przekonaniem, że dobrobyt i rozwój takich narodów stanowią święty obowiązek cywilizacji".

Dla osób niedoświadczonych subtelność sposobu, w jaki gwarancje Wilsona zostały obejście, może nie być od razu widoczna, ale artykuł 23 negował gwarancje Wilsona dotyczące „samostanowienia i niepodległości" i zastępował je wyimaginowanym prawem Ligi Narodów do ingerowania w sprawy suwerennych narodów i państw, co w efekcie stanowiło naruszenie jej własnego statutu. Dlatego też dla osób o obiektywnym spojrzeniu musi stać się oczywiste, że od samego początku Liga zamierzała lekceważyć sprawy wewnętrzne suwerennych narodów i państw. Ta niemoralność i podstępne polityczne manipulacje były kontynuowane jeszcze bardziej bezwstydnie, gdy Liga Narodów zrodziła swoje bękartowe dziecko, Organizację Narodów Zjednoczonych, która w 1948 r. przyznała Palestynę syjonistom, naruszając w ten sposób „świętość cywilizacji" zawartą w art. 22 nieistniejącej już Ligi, o której dawno zapomniano.

Lawrence z Arabii i szeryf Mekki byli zbulwersowani złamaniem brytyjskiej obietnicy złożonej emirowi Husajnowi, który walczył z armią turecką do upadłego, wierząc w obietnice Lawrence'a, że Wielka Brytania zawsze dotrzymuje słowa.

Na konferencji pokojowej Arabów reprezentował emir Feizal, syn szeryfa Husajna. Dowodził on oddziałami arabskimi pod kierownictwem pułkownika Lawrence'a i był sygnatariuszem traktatu McMahon-Husajna, który dawał pisemne zapewnienie, że Wielka Brytania dotrzyma swoich zobowiązań i obietnic wobec Arabów w sprawie Palestyny.

Nie znając w pełni języka angielskiego i francuskiego oraz nie będąc człowiekiem przyzwyczajonym do mrocznych intryg i łamania danego słowa, Feizal nie rozumiał, co się dzieje, do tego stopnia, że zwrócił się do Wilsona, który wysłał do Palestyny amerykańską komisję – Komisję Kinga-Crane'a – w celu zbadania sprawy.

To, co członkowie Komisji Kinga-Crane'a przekazali Wilsonowi, było zaskakujące: dziewięćdziesiąt procent ludności Palestyny sprzeciwiało się jakiejkolwiek imigracji żydowskiej do Palestyny. Cytując z raportu Komisji:

> Poddanie ludu o takich poglądach nieograniczonej imigracji oraz stałej presji finansowej i społecznej, mającej na celu zmuszenie go do oddania ziemi, stanowiłoby rażące naruszenie właśnie przytoczonych zasad oraz praw ludu; nawet gdyby odbywało się to w ramach prawa międzynarodowego i przy najlepszych możliwych intencjach, można wątpić, czy Żydzi mogliby w ogóle

> uchodzić w oczach chrześcijan i muzułmanów za właściwych strażników Miejsc Świętych lub opiekunów całej Ziemi Świętej.

Syjoniści byli zdeterminowani, by pogrzebać ten raport. Wilson, ulegając otaczającym go syjonistom, złamał swoje zasady dotyczące „samostanowienia", a fałszywy „system mandatowy" zastąpił klauzulę „samostanowienia".

Pod nadzorem Ligi Narodów fałszywy „mandat" na Palestynę przyznano Brytyjczykom. Przekonanie Wilsona o „zacofanej" naturze ludności pozaeuropejskiej utwierdziło go w przekonaniu, że zaakceptują oni system mandatowy. Raport Komisji Kinga-Crane'a został odłożony na półkę, pozostawiając imperializm i syjonizm triumfujące pod pozorem mandatów. Raport Komisji po prostu zniknął z pola widzenia.

Nie opublikowano go w *„London Times"* ani w *„New York Times"*, nie trafił też do Izby Reprezentantów i Senatu. Powtórzę: po prostu zniknął! Na szczęście dla „świętego zaufania cywilizacji" raport opublikowano w mało znanym czasopiśmie „Editor and Publisher". Jak i dlaczego „zniknął"? Czytelnik może wyciągnąć własne wnioski, które są raczej oczywiste.

> Kiedy sędzia Brandeis usłyszał, że brytyjscy urzędnicy zarządzający mandatem nie faworyzują Żydów, natychmiast wyruszył do Palestyny w towarzystwie swojego biografa, dr. de Haasa. Po przybyciu do Ziemi Świętej stwierdzili, że doniesienia są jak najbardziej prawdziwe. Dr de Haas napisał, że brytyjski głównodowodzący oraz jego wojskowi i cywilni doradcy traktowali deklarację Balfoura jako zapomniany epizod wojny. Amerykański sędzia Sądu Najwyższego udał się prosto do Balfoura.

Dodatkowa uwaga: podkreślam fakt, że amerykański sędzia Sądu Najwyższego udał się do Palestyny, aby upomnieć brytyjskiego urzędnika, a dokładniej ministra spraw zagranicznych, i zażądał, by administracja palestyńska została upomniana! Kto nadał temu amerykańskiemu nieurzędnikowi, niebędącemu przedstawicielem rządu USA, taką władzę? Poprzez ten arogancki pokaz siły Brandeis zastraszył wszystkich, którzy sprzeciwiali się syjonistycznej polityce wobec Palestyny.

> Kilka godzin później brytyjskie Ministerstwo Spraw Zagranicznych przypomniało władzom wojskowym w Egipcie i Palestynie nie tylko o treści słownej deklaracji Balfoura , ale także o tym, że sprawa ta była „chose-jugee", czyli bardzo aktualna.
>
> Szereg palestyńskich urzędników dążyło do korzystnych wymian, a pułkownik Meinertzhagen, zagorzały syjonista, został wysłany do Palestyny. Nie było żadnych protestów, żadnych zawirowań na burzliwych wodach politycznych. Dyplomacja bezpośrednich działań Brandeisa przyniosła rezultaty. (Dr Jacob de Haas, biograf sędziego Brandeisa)

Jakim cudem osoba bez oficjalnego statusu rządowego, bez oficjalnego stanowiska, mogła udać się do Palestyny i Wielkiej Brytanii i zacząć stawiać żądania, by posłusznie stosowano się do syjonistów? Być może powinienem cofnąć się o krok i połączyć niektóre wątki.

Faktem jest, że kiedy Brandeis udał się na spotkanie z Balfourem, ten ostatni natychmiast skontaktował się z lordem Nathanem Rothschildem, który, jak się wydaje, dał zielone światło dla kroków, o których Balfour mu powiedział, że chce je podjąć. Tak więc, moim zdaniem, istniał wyraźny związek między postępami syjonistycznych planów dotyczących Palestyny a lordem Rothschildem, prowadzący bezpośrednio do Balfoura, a następnie do Brandeisa.

* Niechęć Arabów przerodziła się w przemoc w 1929 roku;

* Kontrowersje między Żydami a Arabami dotyczące praw do Ściany Płaczu w świątyni Heroda przerodziły się w otwarty konflikt;

* Chrześcijańscy Arabowie połączyli siły z muzułmanami

przeciwko Żydom.

Brytyjska komisja stwierdziła, że zamieszki były spowodowane rosnącymi obawami Arabów przed rosnącą większością żydowską oraz systematycznym nabywaniem ziemi przez najeźdźców. Komisja zaleciła wprowadzenie ograniczeń w imigracji i zakupie ziemi. Pomimo protestów syjonistów zalecenia te zostały przyjęte. Rząd brytyjski opublikował ustalenia w tak zwanej Białej Księdze 20 października 1930 r. W listopadzie 1938 r. rząd brytyjski ogłosił, że wycofa się z propozycji podziału i spróbuje doprowadzić do porozumienia między Arabami a syjonistami. Arabowie zajęli zrozumiałe stanowisko, że ich kraj został im odebrany, a negocjacje były niczym targowanie się ze złodziejem o zwrot części swojej własności.

Kiedy Arabom i Żydom nie udało się osiągnąć porozumienia, Brytyjczycy ogłosili, że będą musieli znaleźć własne rozwiązanie. W swojej białej księdze z 17 maja 1939 r. odrzucili swoje wcześniejsze interpretacje deklaracji Balfoura jako sprzeczne z brytyjskimi zobowiązaniami wobec Arabów. Brytyjscy politycy bez wątpienia zdali sobie sprawę z niesprawiedliwości deklaracji Balfoura wobec Arabów, gdy było już za późno, by cokolwiek z tym zrobić. Tak zwana Biała Księga MacDonalda z 1939 r. była najwyraźniej szczerym pragnieniem naprawienia krzywdy z 1917 r. . Biała Księga, próbując racjonalizować politykę Balfoura, podkreślała, że żydowska ojczyzna w Palestynie już istniała. Aby nie było wątpliwości co do przyszłego stanowiska Wielkiej Brytanii, w Białej Księdze oświadczono:

„Rząd Jego Królewskiej Mości oświadcza zatem jednoznacznie, że nie jest częścią jego polityki, aby Palestyna stała się państwem żydowskim. Uznałby to bowiem za sprzeczne z jego zobowiązaniami wobec ludu arabskiego wynikającymi z mandatu, a także z zapewnieniami udzielonymi ludowi arabskiemu w przeszłości, że ludność arabska Palestyny nie powinna stać się poddanymi państwa żydowskiego wbrew swojej woli. Gniew Żydów nie znał granic. Nowa polityka brytyjska w tej sprawie oznaczała porażkę ich starannie opracowanych planów i nie mieli oni zamiaru pozwolić, aby kontrowersja zakończyła się wraz z opublikowaniem Białej księgi. Rozpoczęli oni ogólnoświatową kampanię zniewag wobec rządu brytyjskiego, uzupełnioną materiałami propagandowymi całkowicie zniekształcającymi fakty. Doszedłszy w końcu do wniosku, że Wielka Brytania jako mocarstwo mandatowe nigdy nie pozwoli im na utworzenie państwa żydowskiego w Palestynie, Żydzi rozpoczęli kampanię przemocy, aby zmusić Brytyjczyków albo do odrzucenia Białej Księgi, albo do przekazania mandatu Organizacji Narodów Zjednoczonych .

Hagana, zorganizowana przez syjonistów na wzór regularnej armii, została zmobilizowana i była gotowa do ataku. Dwie grupy terrorystyczne, Irgun Zvei Leumi i Gang Sterna, zostały skierowane przeciwko władzom brytyjskiego mandatu i mieszkańcom Palestyny. Terroryści, podążając za tradycjami swoich chazarskich braci z Polski i Rosji, dokonywali zamachów, bombardowali i plądrowali. (Olivia Maria O'Grady)

ROZDZIAŁ 18

Syjoniści przejmują Palestynę

Nie wchodząc w dalsze szczegóły, mamy teraz historię najazdu syjonistów na Palestynę, który był podstawą trzech wojen, niezliczonych aktów terroryzmu i niepokojów, całkowitego braku pokoju, który nękał Palestynę i Bliski Wschód i będzie to robił, dopóki prawa wszystkich stron nie zostaną uznane wraz ze sprawiedliwością dla wszystkich. Niestety, błąd Ligi Narodów został utrwalony przez równie niegodziwe twórstwo, jakim są Narody Zjednoczone.

8 lipca 1919 r. prezydent Wilson, wykonując rozkazy pułkownika House'a, który otrzymał je od Rotszyldów, powrócił do domu.

Jeśli Wilson spodziewał się, że zostanie przyjęty jak bohater-zwycięzca, to niestety się pomylił. O tym, że Wilson znajdował się pod kontrolą zagranicznych osobistości, świadczy fakt, że nie zabrał ze sobą do Paryża ani jednego członka legislatury, ani nawet członka własnej Partii Demokratycznej.

Jego doradcami byli głównie bankierzy z Wall Street i międzynarodowi socjaliści. Jednym z najdziwniejszych aspektów jego podróży do Paryża było to, że on i jego świta przyjęli prezenty w postaci biżuterii o wartości ponad miliona dolarów od wielu pozarządowych sympatyków.

Burza polityczna, która rozpętała się wokół prezydenta, gdy przedstawił on Senatowi Stanów Zjednoczonych swój plan utworzenia jednego rządu światowego, była czymś, czego Stany

Zjednoczone nigdy wcześniej nie doświadczyły . Większość prawdopodobnie pod wpływem dominującej „postawy" wobec Niemiec, która rządziła obradami w Paryżu, Wilson zażądał, aby Senat ratyfikował traktat dokładnie w takiej postaci, w jakiej został przedstawiony, bez żadnych istotnych zmian i bez zezwolenia na debatę.

Był to zaskakujący zwrot w amerykańskiej polityce, którego nigdy wcześniej nie próbowano. Było to podejście typu „wszystko albo nic", oparte wyłącznie na tajnych, zamkniętych sesjach, które odbywały się w Paryżu. (Delegacja niemiecka była przetrzymywana w hotelu przez tydzień, podczas gdy to wszystko się działo, i nie brała w tym udziału). Wilson nie był pozbawiony poparcia dla swojego dyktatorskiego podejścia, które pochodziło od amerykańskiego członka Towarzystwa Fabiańskiego, profesora Shotwella, który mniej więcej powiedział Senatowi, żeby się pospieszył i ratyfikował traktat.

Shotwell był wybitnym członkiem równoległego tajnego rządu Stanów Zjednoczonych na najwyższym szczeblu, Rady Stosunków Zagranicznych (CFR). Senator Robert Owen, który w 1919 roku został mianowany przewodniczącym specjalnie utworzonej komisji ds. ustawy o Rezerwie Federalnej, przewodniczył teraz komisji ds. sprawozdania dla Senatu w sprawie traktatu Ligi Narodów.

Inni, którzy poparli traktat Wilsona, to Eugene Delano, Thomas J. Lamont i Jacob Schiff. Lamont od dawna był sympatykiem fabiańskich socjalistów-komunistów, a Schiff pomógł później sfinansować wojnę rosyjsko-japońską w latach 1904–1905 oraz rewolucję bolszewicką w Rosji. Wszyscy byli powiązani z rodziną Rothschildów lub z nią związani.

Co najważniejsze, Schiff był bankierem z Wall Street, który rozpoczął swoją karierę w bankowości dzięki finansowemu wsparciu Rotszyldów, których był dziełem.

19 marca 1920 r. traktat wersalski trafił do Senatu w celu

ratyfikacji, ale od samego początku pojawiły się silne sprzeciwy. Żądania Wilsona, aby traktat został przyjęty „w obecnej formie", rozgniewały wielu senatorów, którzy zgłosili szereg poprawek i zastrzeżeń, których Wilson nie chciał zaakceptować zgodnie z radą pułkownika House'a działającego w imieniu Rotszyldów. 19 listopada Senat odrzucił traktat wersalski zarówno z zastrzeżeniami, jak i bez nich, dostrzegając w nim wielkie zagrożenie dla suwerenności Konstytucji Stanów Zjednoczonych oraz próbę uzurpowania sobie jej uprawnień. Wynik głosowania to 49 do 35.

Tym razem pułkownik House i Rotszyldowie znaleźli się po stronie przegranych. Wilson postąpił wówczas w niezwykły sposób: zawetował wspólną rezolucję Kongresu ogłaszającą koniec wojny z Niemcami! W tym momencie konieczne jest cofnięcie się o krok: w okresie poprzedzającym I wojnę światową i próbę Wilsona wciągnięcia Ameryki w ten konflikt, podniosły się gniewne głosy przeciwko Wilsonowi i jego administracji.

W rzeczywistości 87 procent Amerykanów było przeciwnych wojnie, ale nie zdołało przełamać oporu międzynarodowych socjalistów i ich międzynarodowych bankierów. *Gazeta „Chicago Tribune"* stanowczo i zjadliwie sprzeciwiała się przystąpieniu Ameryki do wojny i ogłosiła, że „Brandeis rządził Białym Domem za pomocą tajnych rozmów telefonicznych". Cyrus D. Eaton stwierdził:

> Ameryka zhańbiła się, przystępując do wojny światowej, a w późniejszych latach (1925 r.) kapitan H. Spencer w swojej książce „Democracy or Shylockcracy" zacytował telegram, w którym sir William Wisemen, brytyjski kontroler MI6 prezydenta Wilsona, napisał: „Brandeis zadzwonił do Rotszylda". Sędzia Dembitz Brandeis był bez wątpienia pod kontrolą Rotszyldów. Długo po tym, jak Senat USA odmówił ratyfikacji traktatu wersalskiego, wciąż słychać było głośne głosy antyamerykanizmu.

Na przykład Paul Hymens, były minister spraw zagranicznych Belgii, powiedział:

> „Ameryka odmówiła ratyfikacji traktatu i uznała za nieważnego człowieka, który udał się do Europy, aby działać w jej imieniu". (*The New York Evening Post*, 16 lipca 1925 r.)

Nie było to niczym nowym, jeśli chodzi o charakter prezydenta Wilsona . Podczas gdy pod ogromną presją Rotszyldów, wywieraną za pośrednictwem pułkownika House'a, mobilizował każdą znaną mu siłę polityczną , aby wciągnąć Stany Zjednoczone do I wojny światowej, Wilson rażąco i brutalnie naruszył Konstytucję Stanów Zjednoczonych, przepychając przez Kongres ustawę o powołaniu milicji stanowej do walki we Francji.

Moim zdaniem pozostaje to jednym z najgorszych naruszeń Konstytucji Stanów Zjednoczonych w historii Ameryki, ponieważ Wilson postąpił wbrew Konstytucji, doskonale wiedząc, jak wielką krzywdę wyrządza, lekceważąc swoją przysięgę urzędową.

Zanim jednak przedstawię szczegóły potwornej zbrodni Wilsona przeciwko Amerykanom, pomijając zbrodnie przeciwko Arabom i Palestyńczykom, chciałbym podać kilka nieznanych dotąd faktów na temat człowieka, który był kontrolerem i alter ego Wilsona – pułkownika Mandela House'a – po prostu dlatego, że ten tajemniczy i złowrogi człowiek odegrał tak ogromną, cieniową rolę w historii Stanów Zjednoczonych, a ponadto był bliskim przyjacielem Rotszyldów.

Edward Mandel House był synem Thomasa Williama i Elizabeth (z domu Shearn). House wyemigrował do Stanów Zjednoczonych w 1837 roku i osiadł w Teksasie, gdzie zaangażował się w przemysł bawełniany oraz rozpoczął działalność bankową na rzecz i w imieniu Rotszyldów.

Starszy House zawsze działał jako zaufany agent Rotszyldów. Edward kształcił się na Uniwersytecie Cornell i został doradcą gubernatora Teksasu, choć nie piastował żadnego oficjalnego stanowiska, a karierę tę powtórzył w administracji Wilsona.

Stan Teksas nadał młodszemu House'owi tytuł honorowego pułkownika, do którego trzymał się przez całą swoją niezwykłą karierę. Nie ma żadnych wskazówek, dlaczego stan Teksas obdarzył Edwarda House'a takimi przywilejami.

W pierwszej połowie 1900 roku Rotszyldowie wysłali House'a do Europy, aby nauczył się, w jaki sposób bankierzy kontrolują politykę i polityków. Po powrocie do Ameryki House stał się przewodnikiem w polityce Demokratów i to właśnie on wybrał Woodrowa Wilsona na kandydata Partii Demokratycznej na prezydenta.

House był w dużej mierze odpowiedzialny za sukces Wilsona w wyborach, a następnie opracował jego politykę, zwłaszcza politykę zagraniczną. Niektórzy prawdziwi autorytety w tej dziedzinie uważają, że House był pośrednikiem w przekazywaniu poleceń Rotszyldów dotyczących utworzenia banków Rezerwy Federalnej, mimo że Konstytucja Stanów Zjednoczonych zabraniała istnienia banku centralnego.

Można zatem śmiało stwierdzić, że House przewodził przez dwadzieścia pięć przełomowych lat, które na zawsze zmieniły oblicze Stanów Zjednoczonych i doprowadziły do powstania bezprawnego rządu federalnego, który w ciągu kilku lat zniszczył to, co ojcowie założyciele i następne pokolenia budowali przez prawie dwieście lat.

Wilson był pierwszym prezydentem Stanów Zjednoczonych, który przyjął de facto status cesarza tego, co miało stać się Imperium Stanów Zjednoczonych Ameryki, siłą napędową i przywódcą Nowego Porządku Świata w ramach międzynarodowego socjalistycznego rządu światowego.

ROZDZIAŁ 19

Rothschildowie zakładają bank centralny w Ameryce

W Europie pod opieką dynastii Rotszyldów zaszły głębokie zmiany, z których być może do najważniejszych należą:

* Wzrost znaczenia Napoleona I jako wybranego agenta Rotszyldów do obalenia monarchów Europy;

* Upadek dynastii Romanowów i zniszczenie chrześcijańskiej Rosji z rąk bolszewickich komunistów;

* Wojna angielsko-burska, wojna ludobójcza, jedna z najważniejszych wojen na przełomie XIX i XX wieku, która została zamieciona pod dywan.

Uważam, że te najgłębsze zmiany nie mogłyby i nie miałyby miejsca, gdyby nie przewodnia ręka dynastii Rotszyldów i zaangażowanie jej ogromnych zasobów finansowych w ten cel.

Zanim zajmę się wydarzeniami w przedbolszewickiej Rosji, omówię historię tego, co doprowadziło do interwencji Rotszyldów w Afryce Południowej w celu zabezpieczenia największych złóż złota i diamentów na świecie, co doprowadziło do wojny angielsko-burskiej w latach 1899–1903.

W latach trzydziestych XIX wieku rolnicy z Przylądka (znani jako Burzy) wyruszyli w głąb rozległego, niezamieszkanego interioru w ramach wyprawy znanej jako Wielka Wędrówka. Byli rozgniewani brytyjską ingerencją w ich życie, a zwłaszcza uwolnieniem niewolników. Pokonali ogromne trudności , przemierzając tysiąc mil wozami zaprzęgniętymi w woły, często przez surowe góry, i osiedlili się na jałowych ziemiach, które stały się później Wolnym Państwem Orania i Republiką Transwalu.

Kiedy odkryto ogromne złoża diamentów i złota, jałowe tereny natychmiast stały się obiektem pożądania Rotszyldów, którzy wysłali swojego agenta, Cecila Johna Rhodesa, aby przejął posiadanie i kontrolę w ich imieniu. W 1898 roku Rhodes, agent Rotszyldów w Afryce Południowej, zwrócił się do lorda Rotszylda z prośbą o wykupienie francuskich udziałów w kopalniach diamentów, przygotowując grunt pod całkowitą kontrolę Rotszyldów.

Rząd brytyjski „zaanektował" obszar Wolnego Państwa Orania znany jako Griqualand West (miejsce odkrycia diamentów), a trzy lata później zaanektował Transwal, chociaż w obu przypadkach nie mieli oni żadnych prawnych ani uzasadnionych roszczeń do tych ziem – taktykę tę mieli ponownie zastosować w Palestynie w 1917 roku (Deklaracja Balfoura).

Cecil Rhodes był głównym inicjatorem wojny burskiej. Bajeczne pola złota z bogatymi żyłami, rozciągające się na 200 mil ze wschodu na zachód, były błyszczącą nagrodą, którą Rotszyldowie byli zdeterminowani zdobyć. Tarcia z Wielką Brytanią stały się powszechne, ponieważ Burzy odmówili uznania fałszywych roszczeń królowej Wiktorii do Wolnego Państwa Orania i Republiki Transwalu.

Wyraźną prowokacją był najazd 600 uzbrojonych mężczyzn pod dowództwem Starra Jamesona, mający na celu obalenie rządu burskiego prezydenta Paula Krugera.

Było to preludium do wojny anglo-burskiej, która wybuchła w 1899 roku, po tym jak intrygi Rhodesa mające na celu osiągnięcie pożądanych celów rządu brytyjskiego, czyli przejęcie pól złota i diamentów, zakończyły się niepowodzeniem.

Burowie wywodzili się z Holendrów, Irlandczyków, Szkotów, Anglików i Niemców. Wyemigrowali na najbardziej wysunięty na południe kraniec Afryki, znany jako „Przylądek", gdzie najpierw Holendrzy, a następnie Brytyjczycy z założyli stację tankowania, zaopatrzenia w żywność i świeżą wodę dla swoich statków pływających między Dalekim Wschodem a Europą. W miejscu, które w późniejszych latach stało się znane jako Kapsztad, pod panowaniem holenderskim powstała kwitnąca, niezależna społeczność.

W tamtym czasie nie było czarnych (Bantu) w Afryce na południe od rzeki Zambezi, w rozległym, pustym interiorze między Przylądkiem a rzeką Zambezi na północy. Tylko nieliczni koczowniczy „Hottentoci" – ludność typu mongolskiego, niebędąca Bantu – zamieszkiwali wybrzeże Przylądka, zarabiając na życie zbieractwem i szukaniem resztek na plaży. Wkrótce stali się oni robotnikami w ogrodach warzywnych Holenderskiej Kompanii Wschodnioindyjskiej. Jednak Brytyjczycy najechali osadę na Przylądku i ustanowili własną administrację pod auspicjami londyńskiej firmy handlującej opium – Brytyjskiej Kompanii Wschodnioindyjskiej (BEIC).

Z tych niepomyślnych początków wyrosła kwitnąca, tętniąca życiem społeczność, w której zintegrowali się Holendrzy. Po brytyjskiej inwazji BEIC w Londynie zaczęła poważnie ingerować w sprawy wewnętrzne społeczności holenderskiej.

Holendrzy, nazywani wówczas „Burami" (rolnikami), zaczęli organizować plan opuszczenia Przylądka i „wyruszyli" (podróżowali) na rozległe, niezamieszkane równiny na północy. Po długiej podróży Burzy przybyli i osiedlili się na niezamieszkanej ziemi, którą nazwali Republiką Wolnego Państwa Orania i Republiką Transwalu. Chcę podkreślić, że tysiące mil kwadratowych ziemi, przez które przemierzali Burzy, były pozbawione plemion Bantu, które żyły na północ od

Zambezi. Wbrew powszechnej historii, Burzy nie odebrali Transwalu i Wolnego Państwa Orania plemionom Bantu.

Odkrycie najbogatszego złoża złota, jakie kiedykolwiek znano, sprowadziło na scenę Rhodesa i od tego momentu królowa Wiktoria z u zaczęła wysuwać swoje bezpodstawne roszczenia wobec nowych republik. Wojna była nieunikniona po tym, jak Wiktoria odrzuciła propozycje pokojowe bogobojnego Paula Krugera.

Królowa Wiktoria była zdecydowana na wojnę, a w 1899 r. rząd brytyjski wysłał pierwsze kontyngenty wojsk, które do 1901 r. osiągnęły imponującą liczbę 400 000 żołnierzy, aby pokonać siły partyzanckie, które w żadnym momencie nie liczyły więcej niż 80 000 ludzi w terenie, z których wielu miało zaledwie czternaście lat, a inni nawet siedemdziesiąt pięć.

Epicka walka Burów powinna być wzorem dla wszystkich krajów zagrożonych przez wielkie, despotyczne rządy. Przez prawie trzy lata rolnicy-żołnierze walczyli i pokonali dumę armii brytyjskiej.

Burowie zgodzili się zakończyć walkę dopiero po tym, jak 27 000 ich kobiet i dzieci zginęło w nieludzkich obozach koncentracyjnych utworzonych przez lorda Kitchenera i Alfreda Milnera, sługę Rotszyldów. W obliczu rzezi bydła, spalonych na popiół gospodarstw oraz śmierci tysięcy kobiet i dzieci w wyniku mściwej, ludobójczej polityki lorda Milnera, wojownicy burscy zostali zmuszeni do opuszczenia pola walki i złożenia broni.

Przez cały czas trwania walk Rhodes na bieżąco informował swoich panów, Rotszyldów, i wykonywał ich polecenia co do joty. Dzisiaj N. M. Rothschild nadal kontroluje handel złotem z Londynu. Rhodes działał w okresie, gdy Imperium Brytyjskie było najpotężniejszą siłą polityczną, gospodarczą i militarną na świecie, a jednak Burowie nie bali się zmierzyć z Imperium w wojnie, o której wiedzieli, że nie mogą jej wygrać, ale którą toczyli z zadziwiającą odwagą, determinacją i męstwem.

Imperium Brytyjskie było podobne do imperiów perskiego, asyryjskiego, babilońskiego i rzymskiego, zbudowanych na dwóch filarach: ograbianiu „dominium" z zasobów i wykorzystywaniu mieszkańców jako praktycznie niewolniczej siły roboczej do realizacji tego zadania.

„Szlacheckie" rodziny Anglii można było prześledzić aż do weneckiej i genueńskiej Czarnej Szlachty oraz wielkich rodzin bankierskich tych miast-państw. Byli oni mistrzami propagandy typu i nie stracili tej umiejętności, która była ich najskuteczniejszą bronią podczas wojny burskiej oraz I i II wojny światowej. Za rządem stały rodziny bankierskie, z których banki Rotszyldów były najpotężniejsze i najbardziej wpływowe. Niektórzy historycy wyznawali przekonanie, że fortuna, którą otrzymali z Afryki Południowej, „uczyniła Rotszyldów bogatymi".

Nie zgadzam się z tym poglądem. Rothschildowie byli niewyobrażalnie bogaci na długo przed tym, jak ich agent, Cecil John Rhodes – mistrz oszustwa i przebiegłości, człowiek nienawidzący chrześcijaństwa – zapewnił Rothschildom monopol na złoto i diamenty z Afryki Południowej. Z dokumentów i akt, które studiowałem w British Museum w Londynie, jasno wynikało, że na krótko przed śmiercią Mayera Amschela jego majątek przewyższał łączny majątek najbogatszych ludzi świata. Pełny zakres fortuny Rotszyldów nigdy nie został ujawniony, ale wiadomo, że rosła ona w astronomicznym tempie.

Amschel zdawał sobie sprawę z potęgi pieniędzy i podobnie jak stary John D. Rockefeller, który naśladował jego filozofię dyskrecji, Mayer wiedział, że tajemnica ma kluczowe znaczenie dla osiągnięcia sukcesu. Jego głębokie przekonanie, że Żydzi są narodem wybranym przez Boga, nigdy nie uległo zachwianiu, a on sam z dumą manifestował tę wiarę przy każdej okazji, zarówno publicznej, jak i prywatnej. Aby dać pewne wyobrażenie o bogactwie Rotszyldów, przytaczam następujące informacje:

> Jego syn Lionel był przyjacielem i doradcą księcia małżonka oraz Disraeliego, którego postać Sidonii w powieści „Coningsby" jest (ledwo zamaskowanym) idealnym portretem niego samego...
>
> Doprowadził do uchwalenia ustawy o zniesieniu ograniczeń, która pozwoliła Żydom piastować urzędy w Anglii. udzielił rządowi brytyjskiemu pożyczki na rzecz ofiar głodu w Irlandii (około 40 000 000 dolarów), a także na wojnę krymską (około 80 000 000 dolarów) i przez dwadzieścia cztery lata pełnił funkcję agenta rządu rosyjskiego.
>
> Miał duży udział w pomyślnym sfinansowaniu długu publicznego Stanów Zjednoczonych, zapewnił środki na natychmiastowy zakup udziałów w Kanale Sueskim; był również aktywny w ułatwianiu wypłaty francuskiej rekompensaty dla Niemiec; w kierowaniu finansami Cesarstwa Austriackiego oraz pożyczką egipską w wysokości 8 500 000 funtów (około 40 000 000 dolarów). (*Encyklopedia Żydowska*, tom 10, strony 501–502)

Fortuna Jacoba (Jamesa) Rothschilda, niezależna od majątku Lionela i pozostałych członków rodziny, została oszacowana przez historyków na 200 miliardów dolarów w chwili jego śmierci, jak podaje autor Armstrong, który napisał...

> „Było to jednak jedynie szacunkowe oszacowanie, ponieważ nie sporządzono spisu jego majątku".

Było to oczywiście zgodne z jedną z zasad ustanowionych przez Amschela, że należy zachować tajemnicę. Przede wszystkim Rothschildowie zawsze byli zaangażowani w finansowanie wojen.

Hymym Solomon (znany również jako Haim) był zaangażowany w finansowanie rewolucji amerykańskiej. Seligman Brothers oraz Speyer and Company finansowali Północ, a panowie Erlanger – Południe podczas wojny secesyjnej. Niedawno, w okresie wielkiego rozwoju finansowania kolei, firma Kuhn, Loeb and Company odegrała znaczącą rolę.

Chociaż nie jest to powiedziane wprost, dla każdego, kto ma choćby podstawową wiedzę na temat bankowości tamtego okresu, jest jasne, że Rothschildowie finansowali zarówno Północ, jak i Południe poprzez osoby i banki działające jako przykrywka. Istnieją różne szacunki dotyczące majątku Rothschildów, a osoba, która znała się na tym być może lepiej niż inni, hrabia Cherep-Spiridovich , oszacowała, że tylko na I wojnie światowej zarobili oni 100 miliardów dolarów.

Historyk John Reeves w *książce „The Rothschilds: Financial Controllers of Nations"* dobrze opisuje osiągnięcia Rotszyldów:

> Mayer nie mógł przewidzieć, że po latach jego synowie w zaczną sprawować tąk nieograniczoną władzę, że pokój między narodami będzie zależał od ich przyzwolenia; że potężna kontrola, jaką sprawowali nad europejskimi rynkami pieniężnymi, pozwoli im występować w roli arbitrów pokoju i wojny, ponieważ mogli według własnego uznania dostarczać lub wstrzymywać środki finansowe niezbędne do prowadzenia kampanii.
>
> Ale to, choć może się wydawać niewiarygodne, było tym, co umożliwiał im ich ogromny wpływ w połączeniu z ogromnym bogactwem i nieograniczonym kredytem, ponieważ nie istniały firmy wystarczająco silne, by przeciwstawić się im przez dłuższy czas, ani na tyle lekkomyślne, by podjąć się interesu, którego odmówili Rothschildowie.

Krótka uwaga wyjaśniająca: zdarzało się, że Rothschildowie odrzucali ofertę, mimo że była ona solidna, po prostu po to, by ukarać dany naród lub firmę za jakieś przewinienie, wyimaginowane lub rzeczywiste. Gdyby jacykolwiek inni bankierzy podjęli się tego, co odrzucili Rothschildowie, ich kara byłaby szybka.

ROZDZIAŁ 20

Konstytucja Stanów Zjednoczonych zdeptana przez skorumpowanych ustawodawców na usługach Rotszyldów

Często spotykałem się z pytaniem:

> „W jaki sposób Stany Zjednoczone, posiadające konstytucję, najwyższe prawo kraju, które zabraniało istnienia banku centralnego, ostatecznie dopuściły do powstania właśnie takiego banku centralnego, co stanowi całkowite naruszenie konstytucji".

Odpowiedź na to pytanie wymagałaby wielu tysięcy stron wyjaśnień, ale w poniższym krótkim omówieniu postaram się przedstawić wskazówki dotyczące tego, w jaki sposób banki Rezerwy Federalnej zostały narzucone Amerykanom.

Po pierwsze, Bank Rezerwy Federalnej nie jest „federalny", ponieważ jest własnością anonimowych akcjonariuszy, a nie rządu Stanów Zjednoczonych. Mówiąc wprost, jest to prywatny bank podszywający się pod instytucję rządu federalnego.

Jako taki nie odpowiada przed społeczeństwem amerykańskim, czego dowodem jest fakt, że nigdy nie został poddany audytowi przez audytorów rządowych, jak wymaga tego prawo w przypadku banków rządowych. Wielki Louis T. McFadden, przewodniczący Komisji Bankowej Izby Reprezentantów, oświadczył kiedyś na forum Izby:

> ... system bankowy Rezerwy Federalnej jest największym

oszustwem w historii, oszustwem wobec narodu amerykańskiego.

W piątek 10 czerwca 1932 r., podczas debaty w Izbie Reprezentantów na temat Banku Rezerwy Federalnej, odważny McFadden powiedział:

> Panie przewodniczący, w naszym kraju mamy jedną z najbardziej skorumpowanych instytucji, jakie kiedykolwiek znano na świecie. Mam na myśli Radę Rezerwy Federalnej i banki Rezerwy Federalnej. Rada Rezerwy Federalnej, organ rządowy, oszukała rząd Stanów Zjednoczonych i obywateli Stanów Zjednoczonych na kwotę wystarczającą do spłaty długu publicznego. Grabieże i niegodziwości Rady Rezerwy Federalnej oraz banków Rezerwy Federalnej działających wspólnie kosztowały ten kraj kwotę wystarczającą do kilkukrotnej spłaty długu publicznego.
>
> Ta nikczemna instytucja doprowadziła do zubożenia i ruiny mieszkańców Stanów Zjednoczonych; doprowadziła do własnego bankructwa i praktycznie doprowadziła do bankructwa nasz rząd. Dokonała tego poprzez luki w prawie, na mocy którego działa, poprzez niewłaściwe stosowanie tego prawa przez Radę Rezerwy Federalnej oraz poprzez korupcyjne praktyki bogatych drapieżników, którzy ją kontrolują. Niektórzy uważają, że banki Rezerwy Federalnej są instytucjami rządu Stanów Zjednoczonych. Nie są to jednak instytucje rządowe. Są to prywatne monopole kredytowe, które żerują na obywatelach Stanów Zjednoczonych dla własnej korzyści oraz korzyści swoich zagranicznych klientów; zagranicznych i krajowych spekulantów i oszustów; oraz bogatych i drapieżnych lichwiarzy. W tej mrocznej bandzie finansowych piratów znajdują się tacy, którzy podcięliby człowiekowi gardło, aby wyciągnąć dolara z jego kieszeni...
>
> 12 prywatnych monopoli kredytowych zostało podstępnie i zdradziecko narzuconych temu krajowi przez bankierów, którzy przybyli tu z Europy i którzy odpłacili się za naszą gościnność, podważając nasze amerykańskie instytucje. Ci

bankierzy wywieźli pieniądze z tego kraju, aby sfinansować wojnę przeciwko Rosji. Stworzyli rządy terroru w Rosji za nasze pieniądze... Sfinansowali masowe zgromadzenia Trockiego, pełne niezadowolenia i buntu, w Nowym Jorku. Opłacili oni przejazd Trockiego z Nowego Jorku do Rosji, aby mógł on pomóc w zniszczeniu Imperium Rosyjskiego. Podżegali oni do rewolucji rosyjskiej i oddali do dyspozycji Trockiego ogromny fundusz amerykańskich dolarów w jednym ze swoich banków w Szwecji. Mówi się, że prezydent Wilson dał się zwieść uprzejmościom tych bankierów i ich pozom filantropów. Mówi się, że kiedy odkrył, w jaki sposób został wprowadzony w błąd przez pułkownika House'a, zwrócił się przeciwko temu intrygantowi, temu „świętemu mnichowi" imperium finansowego, i pokazał mu drzwi. Miał na tyle przyzwoitości, by to zrobić, i moim zdaniem zasługuje za to na wielkie uznanie.

W 1912 roku Narodowe Stowarzyszenie Monetarne, pod przewodnictwem nieżyjącego już senatora Nelsona Aldricha, sporządziło raport i przedstawiło złośliwy projekt ustawy zwany ustawą o Narodowym Stowarzyszeniu Rezerwowym. Projekt ten jest zwykle nazywany ustawą Aldricha.

Był on narzędziem, ale nie wspólnikiem bankierów pochodzenia europejskiego, którzy przez prawie 20 lat knuli spisek mający na celu utworzenie banku centralnego w tym kraju i którzy w 1912 roku wydali i nadal wydawali ogromne sumy pieniędzy, aby osiągnąć swój cel.

... Pod okiem tych złowrogich postaci z Wall Street, które stały za pułkownikiem House'em, ustanowiono tutaj, w naszym wolnym kraju, zjedzoną przez robaki monarchiczną instytucję „banku królewskiego", aby kontrolować nas od góry do dołu i skuwać nas kajdanami od kołyski aż po grób. Ustawa o Rezerwie Federalnej zniszczyła nasz stary i charakterystyczny sposób prowadzenia działalności gospodarczej...

Nałożyła ona na ten kraj właśnie tę tyranię, przed którą twórcy Konstytucji starali się nas uchronić.

> Niebezpieczeństwo, przed którym ostrzegano kraj, spadło na nas i przejawia się w długim szeregu okropności towarzyszących sprawom zdradzieckiej i nieuczciwej Rady Rezerwy Federalnej oraz banków Rezerwy Federalnej... Projekt ustawy Aldricha został stworzony przez bankierów pochodzenia europejskiego w Nowym Jorku. Była to kopia i ogólnie rzecz biorąc tłumaczenie modelu Reichsbanku i innych europejskich banków centralnych." (W szczególności Banku Anglii)
>
> (Z protokołów Kongresu Izby Reprezentantów, zebranych przemówień kongresmana Louisa T. McFaddena)

W czwartek 15 czerwca 1933 r. McFadden po raz kolejny podjął walkę przeciwko narzuceniu Ameryce banku centralnego, co stanowiło rażące naruszenie Konstytucji Stanów Zjednoczonych. Przemawiając w Izbie Reprezentantów, McFadden skarżył się na zagranicznych bankierów przejmujących pieniądze i kredyty Amerykanów, a skupił się na Jacobie Schiffie, o którym powiedział, że jest agentem Rotszyldów:

> Skrytykował również pana Mayera, który jest szwagrem pana George'a Blumenthala, członka firmy J.P. Morgan and Co., który, jak rozumiem, reprezentuje interesy Rotszyldów... Chcę jasno powiedzieć, że umieszczając pana Mayera na czele systemu Rezerwy Federalnej, oddajecie go całkowicie w ręce tej międzynarodowej grupy finansowej.

W jaki sposób Stany Zjednoczone zostały zmuszone do zniewolenia przez system Rezerwy Federalnej? Odpowiedź jest naprawdę dość prosta:

Stało się to dzięki potędze finansowej Rotszyldów oraz grupie zdrajców w Izbie Reprezentantów i Senacie Stanów Zjednoczonych, gotowych sprzedać swoje dusze w zamian za życie w dostatku i wygodzie. Tacy ludzie są we wszystkich krajach i nie ma sposobu, by zapobiec ich zdradzie. Ich haniebne czyny nadal przynoszą gorzkie owoce. Za to, że odważył się ujawnić prawdę o tym, jak August Belmont przybył do Stanów

Zjednoczonych wyłącznie w celu przejęcia kontroli nad politykami, którzy umożliwiliby Rotszyldom sprawowanie kontroli nad pieniądzem i kredytem w Stanach Zjednoczonych, McFadden został zamordowany.

Były trzy zamachy na jego życie; jeden poprzez strzelaninę, która się nie powiodła, oraz dwa próby otrucia go, z których ostatnia zabiła tego wielkiego i odważnego Amerykanina. Jego morderców nigdy nie znaleziono, a sprawiedliwość wciąż nie została wymierzona.

W ten sposób uciszyli wielkiego amerykańskiego chrześcijańskiego patriotę, popełniono niewyobrażalny czyn i narzucono amerykańskiemu narodowi finansowe zniewolenie. Tak długo, jak długo wybrani przedstawiciele ludu w Izbie Reprezentantów i Senacie Stanów Zjednoczonych będą przestrzegać swojej przysięgi urzędowej, aby zachować i chronić Amerykę przed spustoszeniem ze strony międzynarodowych bankierów, którzy przewodzą atakowi międzynarodowego socjalizmu na Konstytucję, błogosławieństwa wolności będą należeć do narodu amerykańskiego.

Ale kiedy nasi przedstawiciele ugną się przed potęgą pieniądza międzynarodowych bankierów i sprzedadzą się na ołtarzu potęgi pieniądza Rotszyldów, nadejdzie godzina, w której my, naród, stracimy naszą wolność i prawa gwarantowane przez Konstytucję.

Ustawa o Rezerwie Federalnej była druzgocącym ciosem dla Konstytucji, kolejnym gwoździem do trumny niegdyś wolnego narodu amerykańskiego. Ustawa o Rezerwie Federalnej była krokiem na drodze, która zakończy się całkowitym zniszczeniem Konstytucji. Jeden ze sług Rotszyldów, lord Bryce, powiedział, że zniszczenie republikańskiej formy rządów, zagwarantowanej w nemu narodowi amerykańskiemu przez Konstytucję, zajmie pięćdziesiąt lat. Lord Bryce przewidział, że:

> Zabezpieczenia zapewnione w celu ochrony Konstytucji

> znikną jak poranna mgła.

To ten sam lord Bryce, który poprzez fałszywe zeznania opublikował bezwstydne kłamstwa na temat niemieckich okrucieństw w Belgii, które doprowadziły Stany Zjednoczone do udziału w I wojnie światowej.

Po przejęciu kontroli nad wiodącymi bankami Europy i staniu się głównymi kredytodawcami dla wszystkich rządów na kontynencie i w Anglii, Rotszyldowie przejęli następnie kontrolę nad Bankiem Anglii. Aby ukryć ten fakt, postanowiono, że nazwiska akcjonariuszy banku nigdy nie zostaną upublicznione:

> Ta potęga doprowadziła do ustanowienia standardu złota, najpierw w Imperium Brytyjskim, a następnie w innych krajach, jak wspomniano. Zdobyli oni pakiet kontrolny w Banku Anglii, którego agentem ds. złota i prezesem był nieżyjący już lord Rothschild.
>
> Bank Anglii jest jedną z ich wielu przykrywek. Bez wątpienia posiadają oni pakiet kontrolny w większości innych banków centralnych. Ściśle przestrzegając tajemnicy, która od samego początku była jedną z podstawowych zasad rządzących Rothschildów, Bank Anglii odmawia ujawnienia swoich udziałowców…
>
> Tuż przed I wojną światową wysłali [Rothschildowie] jednego ze swoich agentów, Paula Warburga, jako swojego przedstawiciela do Ameryki, aby zmienił nasze systemy bankowe.
>
> Dzięki posiadaniu i kontroli nad prywatnymi bankami J. P. Morgan and Co. oraz Kuhn, Loeb and Co. byli oni właścicielami i kontrolowali główne nowojorskie banki krajowe i spółki powiernicze z listy , a poprzez nie kontrolowali nowojorski system federalny… Aby móc dowolnie kontrolować ekspansję i kurczenie się kredytu, niezbędna jest jakaś najwyższa władza posiadająca uprawnienia do dowolnego zwiększania lub zmniejszania

ilości pieniądza w obiegu.

Przed reżimem Rotszyldów władza ta należała do królów i cesarzy świata, ponieważ to oni byli wówczas najwyższą władzą. W naszym kraju (Stanach Zjednoczonych) nasza Konstytucja Narodowa powierzyła tę władzę (wyłącznie) Kongresowi Stanów Zjednoczonych... Pod wpływem Rotszyldów systemy bankowe na całym świecie uległy radykalnej zmianie. Najwyższa władza w zakresie emisji pieniądza, a także udzielania kredytów, została przekazana przez różne rządy bankierom w ich krajach. Bank Anglii stał się wzorem dla innych banków centralnych na świecie. W momencie utworzenia Systemu Rezerwy Federalnej nasz rząd był jedynym znaczącym rządem, który choćby udawał, że korzysta ze swojego suwerennego prawa do emisji i kontroli ilości pieniądza w obiegu. Utworzenie Systemu Rezerwy Federalnej przez establishment z u spowodowało całkowite oddanie w ręce bractwa bankierów suwerennej władzy narodu amerykańskiego w zakresie regulowania wartości poprzez swoich przedstawicieli w Kongresie, zagwarantowanej im przez konstytucję krajową.

Panika z 1907 roku była, podobnie jak wszystkie inne paniki, manipulowana. Wywołała ją odmowa banku rezerwowego w Nowym Jorku wypłacenia gotówki deponentom banków regionalnych, co z kolei zmusiło te banki do odmowy wypłaty gotówki swoim deponentom. Wynikało to zatem przede wszystkim z niewystarczającej ilości gotówki w obiegu i nieodpowiedniej metody zwiększania podaży.

W samym środku kampanii na rzecz reformy naszego systemu bankowego i walutowego (mającej na celu zapobieżenie dalszym manipulacjom, które mogłyby doprowadzić do paniki) Paul Warburg, niemiecki Żyd, wyemigrował z Frankfurtu nad Menem, pierwotnej siedziby Rotszyldów, do Ameryki. W momencie przybycia tutaj był on członkiem Kuhn, Loeb and Company w Nowym Jorku, amerykańskiego oddziału Rotszyldów.

Poniżej znajduje się raport Służby Wywiadowczej Marynarki Wojennej na jego temat z grudnia 1918 r.:

„Warburg, Paul, Nowy Jork, Niemiec; uzyskał obywatelstwo amerykańskie w 1911 r., został odznaczony przez cesarza; był wiceprzewodniczącym Rady Rezerwy Federalnej Stanów Zjednoczonych, jest zamożnym i wpływowym bankierem; zarządzał dużymi sumami pieniędzy przekazanymi przez Niemcy Leninowi i Trockiemu; osoba ta ma brata, który jest przywódcą niemieckiego systemu szpiegowskiego".

System Rezerwy Federalnej jest dziełem Rotszyldów, a jego przyjęcie zapewniono w ten sam podziemny, podstępny sposób, jaki zawsze stosują, aby osiągnąć swoje cele. Paul Warburg najwyraźniej przybył do Ameryki, aby zreformować nasz system bankowy i walutowy, i najwyraźniej on oraz interesy Rotszyldów przewidzieli wówczas wojnę światową [ną I wojnę światową 1914–1918], chociaż doszło do niej dopiero jakieś trzy lata później.

Oto ponura historia największej katastrofy, jaka kiedykolwiek dotknęła naród amerykański. W ten sposób oddaliśmy Jeroboamowi Rothschildowi i jego następcom całkowitą, międzynarodową dominację nad naszym dobrobytem i szczęściem. Wcześniej wielki wpływ wywierały banki Morgan and Co. oraz Kuhn, Loeb and Co. wraz z ich spółkami zależnymi, ale teraz jego władza stała się najwyższa i nieograniczona. To poddanie się dopełniło jego kontrolę nad gospodarką wszystkich ludzi na świecie.

(Emmanuel Josephson, *Rothschild Money Trust*, strony 36, 40, 41, 132, 134 i 1600)

ROZDZIAŁ 21

Rothschildowie udaremniają konstytucję Stanów Zjednoczonych

To, co jest tak zaskakujące w tej zuchwałej przejęciu kontroli nad kredytem i podażą pieniądza w Stanach Zjednoczonych przez Rotszyldów, to fakt, że dokonano tego wbrew surowym postanowieniom Konstytucji Stanów Zjednoczonych, które zabraniały utworzenia banku centralnego.

Przypominają nam się słowa Jezusa Chrystusa wypowiedziane podczas ukrzyżowania: „Ojcze, przebacz im, bo nie wiedzą, co czynią". Ta modlitwa o przebaczenie była skierowana do rzymskich żołnierzy, a nie do Sanhedrynu, który domagał się Jego egzekucji.

Dlatego mówimy o tych członkach Kongresu Stanów Zjednoczonych, którzy nie mieli pojęcia o tym, co się dzieje, nie mieli pojęcia o gigantycznym oszustwie, którego ofiarami padli, a co gorsza, nie znali Konstytucji, którą przysięgali przestrzegać:

> „Ojcze, przebacz im, bo nie wiedzieli, co czynią".

Ale w przypadku zdrajców, oszustów, kłamców i zdradzieców, którzy wiedzieli, co robią, twierdzę, że śmierć przez powieszenie za zdradę, zgodnie z sugestią twórców Konstytucji, byłaby dla nich zbyt łagodnym losem.

Niektórzy badacze tego okresu zastanawiali się, dlaczego ustawa o Rezerwie Federalnej została przedstawiona właśnie wtedy.

Przychodzą mi do głowy dwa powody. Mając uległego socjalistycznego prezydenta w Białym Domu , twórcy Rezerwy Federalnej (Federal Reserve) wiedzieli, że zbliża się wojna. Dlatego konieczne było uruchomienie banku centralnego przed rozpoczęciem działań wojennych.

Późniejsza historia pokazała, że ustawa o Rezerwie Federalnej została uchwalona w samą porę, aby doprowadzić do wybuchu wojny. Bez ogromnego finansowania zapewnionego przez Stany Zjednoczone istnieją wszelkie powody, by sądzić, że I wojna światowa nie wybuchłaby.

Drugi powód jest oczywiście bardziej oczywisty: całkowita kontrola nad bankowością i finansami Stanów Zjednoczonych.

Uchwalenie nielegalnej i niezgodnej z konstytucją ustawy o Rezerwie Federalnej umożliwiło Rotszyldom, dzięki zdradzie Wilsona, wciągnięcie Stanów Zjednoczonych w I wojnę światową, która doprowadziła do śmierci milionów młodych chrześcijan – kwiatu narodów europejskich i amerykańskich – oraz kosztowała Stany Zjednoczone miliardy dolarów.

Zdradzieccy nigdy nie zostali ukarani, a Ameryka do dziś cierpi z powodu skutków tej strasznej wojny i tej, która nastąpiła po niej, a także z powodu ucisku, jaki Rotszyldowie wywierają na rzekomo „wolną Amerykę", z której nadal czerpią nieprzyzwoite zyski.

Wszelka prawdziwa wolność dla narodu amerykańskiego zakończyła się w dniu, w którym Rotszyldowie przejęli kontrolę nad amerykańską walutą, kredytem i gospodarką poprzez utworzenie banków Rezerwy Federalnej. Kiedy weźmie się pod uwagę potęgę Rotszyldów, którzy byli w stanie ustanowić swój system bankowy w samym sercu amerykańskiej republiki, przypomina nam się następujący wers: Czym się żywi nasz Cezar, że stał się tak wielki?

Historię tego „mięsa" starałem się opowiedzieć w niniejszej

pracy i być może rzuci to nieco światła na tajemnicę tego, w jaki sposób zarówno Wilson, jak i Roosevelt byli w stanie narzucić swoją wolę Amerykanom, mimo że mieli przed oczami wciąż świeży, szokujący przykład zdrady popełnionej przez prezydenta Woodrowa Wilsona .

Może być tylko jedna odpowiedź na pytanie o źródło tej władzy: agenci Rotszyldów w Ameryce, którzy pragnęli i aktywnie dążyli do przystąpienia Ameryki do II wojny światowej. Książka *„Propaganda in the Next War"* autorstwa kapitana Liddella Harta rzuca sporo światła na to, jak po raz drugi naród amerykański został wciągnięty w wojnę w Europie, mimo że zdecydowana większość była temu całkowicie przeciwna, ale niestety wydaje się, że książka ta jest niedostępna. Autor Armstrong powiedział:

> Najwyraźniej jest to pół-oficjalna książka brytyjskiego rządu. Zniszczenie tych egzemplarzy książki nastąpiło prawdopodobnie na rozkaz sekretarza wojny, Hoar-Belishy...
>
> Utworzenie żydowskiej ojczyzny nie było przedmiotem dyskusji podczas wojny światowej ani w traktacie pokojowym z Niemcami.
>
> Arabowie byli naszymi sojusznikami i walczyli ramię w ramię z żołnierzami aliantów. Była to bezlitosna, nie do obrony grabież, dokonana z inicjatywy „starszyzny", Lloyda George'a, Woodrowa Wilsona i Georgesa Clemenceau. *(Rothschild Money Trust,* strony 65, 79)
>
> Najgorsze jest to, że utworzenie tej „żydowskiej ojczyzny" było zimnokrwistą zdradą wobec rządu arabskiego i ludu. Arabowie twierdzą, że zostali nakłonieni do przystąpienia do wojny po stronie aliantów obietnicą, że tak zwana deklaracja Balfoura zostanie unieważniona, a Arabowie nie będą nękani w pokojowym posiadaniu i władaniu swoim krajem.
>
> Rząd brytyjski nie zaprzecza temu twierdzeniu, ale jako

> wymówkę podaje, że Woodrow Wilson nalegał, aby Żydom przyznano tę ojczyznę, a , że Lloyd George zgodził się na to ze względów politycznych oraz w celu uzyskania w traktacie pokojowym innych korzyści, których pragnął. Palestyna jest obecnie słusznie nazywana „dwukrotnie obiecaną ziemią". Prawdopodobnie Niemcy również obiecały ją w zamian za porozumienie z Rosją. (*Rothschild Money Trust*, strona 70)

Jednym z najmniej zauważanych skutków ubocznych I wojny światowej i późniejszego traktatu pokojowego była demonetyzacja srebra, które od czasów starożytnych zawsze odgrywało znaczącą rolę w systemach monetarnych świata. Srebro jest metalem szlachetnym, ale Rothschildowie nie uważają go za tak cenne jak złoto, mimo że zawsze stanowiło dobrą ochronę przed inflacją.

Ani srebro, ani złote monety, ani skrypty/certyfikaty nie mogą ulec inflacji. Najprawdopodobniej mając to na uwadze, Rotszyldowie podjęli usilne wysiłki, aby zdemonetyzować srebro i pozbyć się monet z systemów monetarnych świata. Nie zamierzam przedstawiać w tej książce historii Banku Anglii, poza sporadycznymi odniesieniami do niego.

Bank Anglii był i nadal jest wzorem dla wszystkich „banków rezerwy cząstkowej", w tym nielegalnego Banku Rezerwy Federalnej Stanów Zjednoczonych. Jego pierwotny statut był zmieniany osiem razy do 1844 roku i bez wątpienia Rotszyldowie mieli duży udział w tych ostatnich zmianach, zwłaszcza w poprawce Peela, która wprowadziła drastyczne zmiany, które znacznie faworyzowały banki Rotszyldów.

Poprawka Peela została przyjęta w 1844 roku, a jej bezpośrednim skutkiem było wycofanie srebra z obiegu, które od niepamiętnych czasów krążyło jako monety w każdym kraju, a nawet w każdej nacji, jako prawdziwe pieniądze.

Zrobiono to, ponieważ Rotszyldowie chcieli, aby ich długi wojenne zostały spłacone w złocie, co stało się oczywiste, gdy odmówili przyjęcia spłaty długów z wojny secesyjnej w srebrze i zażądali od rządu Stanów Zjednoczonych, aby długi z zostały spłacone w złocie. Bez wątpienia poprawka Peela przewidywała takie kwestie i została przyjęta specjalnie po to, aby położyć podwaliny pod to, co miało nastąpić później. Poprawka ta dała również Brytyjczykom monopol na złoto, ponieważ posiadali oni złoto skradzione Burom z Republiki Południowej Afryki w latach 1899–1902.

Nawiasem mówiąc, to właśnie Peel przeprowadził przez Izbę ustawę o zniesieniu ograniczeń wobec Żydów, która po raz pierwszy w długiej historii Anglii umożliwiła Żydowi ubieganie się o urząd publiczny. Jednak w samym środku walki z silną opozycją Peel spadł z konia podczas jazdy i zmarł w wyniku odniesionych obrażeń. Był znakomitym jeźdźcem, co sprawia, że wypadek ten jest tym bardziej dziwny. W ten sposób Disraeli stał się głównym orędownikiem ustawy. Pierwsze przemówienie Disraeliego w Izbie Gmin 7 grudnia 1847 r. jako lidera partii zostało zagłuszone przez jego przeciwników, na czele z budzącym strach Irlandczykiem, Danielem O'Connellem.

Zwolennikami ustawy o uprawnieniach Żydów byli sir Moses Montefiore, spokrewniony przez małżeństwo z rodziną Rothschildów i jeden z dwóch szeryfów City of London. Chociaż Montefiore był Żydem, mógł piastować to wysokie stanowisko, ponieważ Izba Lordów nie miała jurysdykcji ani kontroli nad City of London.

Montefiore przybył do Izby, aby uzyskać pozwolenie na wysłuchanie debaty.

Projekt ustawy nie został przedstawiony bezpośrednio, ale jako projekt znany jako ustawa znosząca ograniczenia wobec wszystkich wyznań, co Rotszyldowie zawsze robili, nazywając takie podejście „bocznym wiatrem".

Środek ten miał położyć kres długoletniej praktyce, zgodnie z którą Żydzi nie mogli zostać sędziami, nauczycielami ani wejść do parlamentu; nie mogli głosować, jeśli odmówili złożenia chrześcijańskiej przysięgi, i nie mogli wykonywać zawodu prawnika.

Lionel de Rothschild odmówił złożenia przysięgi chrześcijańskiej i mimo że został wybrany do Izby Lordów, nie mógł objąć swojego mandatu z powodu swojego upartego sprzeciwu wobec składania przysięgi chrześcijańskiej.

„Ustawa o Żydach", jak nazywali ją torysi, nie znikała z porządku obrad nawet po jedenastu latach sprzeciwu ze strony takich członków jak , lord Derby, lord Bentinck i sir Robert Inglis, który zapytany, dlaczego Żydzi powinni być wykluczeni z parlamentu, stwierdził: „Żydzi są tu dobrowolnymi obcymi i nie mają prawa stać się obywatelami, chyba że dostosują się do naszego prawa moralnego, którym jest Ewangelia".

Torysi w Izbie Lordów byli zdecydowanie przeciwni „ustawie o Żydach", jak nazywał ją lord George Bentinck, wyjaśniając to za każdym razem, gdy ustawa pojawiała się ponownie przez jedenaście lat. Trzeba docenić wytrwałość Rotszyldów – kiedy czegoś chcieli, trzymali się tego uparcie, aż to osiągnęli. Jak wyjaśnił lord Bentinck:

> Kwestię żydowską traktuję jako sprawę osobistą, tak jak wielką prywatną posiadłość lub ustawę o rozwodach. Disraeli oczywiście gorąco poprze Żydów, po pierwsze z powodu dziedzicznej sympatii do nich, a po drugie dlatego, że on i Rotszyldowie są wielkimi sojusznikami. (Z *raportu Hansarda*)

Bentinck został później znaleziony martwy, najprawdopodobniej z powodu zawału serca, w wieku czterdziestu sześciu lat. Podobnie jak śmierć Peela przed nim, odejście Bentincka pozostawiło wiele pytań bez odpowiedzi, z których najbardziej istotne nigdy nie zostały poruszone.

20 lutego 1849 r. ustawa o zniesieniu ograniczeń wobec Żydów

została ponownie poddana pod obrady w trzecim czytaniu w Izbie, pod przewodnictwem Disraeliego. Na galerii siedziała Louise de Rothschild, obserwująca obrady w imieniu Lionela Rothschilda. Ustawa została przyjęta stosunkiem głosów 272 do 206, ale upadła w Izbie Lordów.

W następnym roku, 29 lipca 1850 r., Lionel de Rothschild ponownie próbował zająć swoje miejsce, ale sekretarz odmówił mu tego, co wywołało nową falę gorączkowej aktywności charakteryzującej się zjadliwą debatą.

W *gazecie „The Times"* projekt ten określano teraz mianem „corocznej rozrywki" parlamentu. Po odrzuceniu w latach 1849, 1851, 1853, 1856 i 1857, Disraeli w 1858 roku podjął nową próbę, stosując taktykę , zmieniając brzmienie przysięgi, ale Izba Lordów ponownie ją odrzuciła.

Disraeli odpowiedział, powołując komisję, która miała zbadać podstawy przywrócenia nowej przysięgi, i mianował do niej Lionela de Rothschilda. W końcu, po burzliwych scenach i zaciekłym sprzeciwie lorda Derby'ego, przy wielu narzekaniach i minimalnej większości głosów za, osiągnięto kompromis: każda izba miała sformułować własną przysięgę. W okazałej rezydencji Lionela de Rothschilda panowała wielka radość, że „jedenaście lat krzyków i wrzasków w każdym zakątku Izby" dobiegło końca.

26 lipca 1858 roku Lionel de Rothschild złożył nową, niechrześcijańską przysięgę, podając rękę Disraeliemu, gdy podchodził, aby to uczynić, w publicznym okazaniu wdzięczności, jaką był winien swojemu protegowanemu, którego mądrze i z wielką dalekowzrocznością nawrócił na chrześcijaństwo w młodym wieku, prawdopodobnie przewidując, że będzie potrzebował właśnie takiej przysługi, jaką teraz mu wyświadczył.

ROZDZIAŁ 22

Rothschildowie otwierają otwierają Izbę Lordów

Otworzyły się wręby. Lord Rothschild zajął swoje miejsce, a wkrótce po nim David Salomons, sir Francis Goldsmith, Nathaniel de Rothschild, Frederick Goldsmid i Julian Goldsmid.

Ciekawe, że żaden z tych mężczyzn nie reprezentował partii Disraeliego, Konserwatywnej Partii Unionistycznej („Partii Torysów"). Jednak główny przeciwnik, hrabia Derby, tracąc poparcie własnej partii, przedstawił swoje zastrzeżenia na piśmie:

> Nie okazując żadnej nielojalności ani niechęci wobec poddanych Jej Królewskiej Mości wyznania mojżeszowego, lordowie uważają, że zaprzeczenie i odrzucenie tego Zbawiciela, w imię którego każda izba parlamentu codziennie składa zbiorowe modlitwy o boskie błogosławieństwo dla swoich rad, stanowi moralną niezdolność do udziału w ustawodawstwie społeczności wyznającej chrześcijaństwo. (*Raport Hansarda*)

Najbardziej widocznym skutkiem ustawy o zniesieniu ograniczeń wobec Żydów było to, że zapewniła ona Rotszyldom i innym czołowym Żydom dostęp do Izby Lordów oraz zniesienie znienawidzonej przysięgi chrześcijańskiej. Wraz z inną zmianą, poprawką Peela do ustawy o Banku Anglii, zwykli ludzie, jak to zwykle bywa w przypadku , nie mieli pojęcia, jak są oszukiwani i jak wiele stracą. Łotrzykowie działali tak zręcznie, że podczas gdy ofiary chodziły z szeroko otwartymi oczami, ale nie rozumiały tego, co widzą, Rotszyldowie umocnili swoją kontrolę nad światowymi systemami monetarnymi.

Oczywiście oszustwo to jest praktykowane do dziś, gdzie amerykańskie monety są tak wykonane, aby wyglądały jak srebrne, ale nie zawierają one w ogóle srebra. Monety amerykańskie równie dobrze mogłyby być wykonane z plastiku, ale to by nie wystarczyło, ponieważ wtedy tłumy mogłyby po tych wszystkich latach w końcu zorientować się w oszustwie! Nawet *Encyklopedia Brytyjska* starała się ukryć oszustwo związane z poprawką Peela:

> Aby spróbować zaradzić wadom charakterystycznym dla naszej waluty, konieczne było postępowanie ostrożne, poszanowanie w miarę możliwości istniejących interesów oraz unikanie wszelkich kroków, które mogłyby wzbudzić obawy lub podejrzenia opinii publicznej; jednak środki te... zostały tak umiejętnie opracowane, że wywołały niewielki sprzeciw, a jednocześnie doprowadziły do niezwykle ważnych i bardzo korzystnych zmian. (*Encyklopedia Britannica*, tom III, strona 323)

Na przykład: o jakich „wadach" tu mowa?

Główną „wadą" było to, że do tej pory nie było łatwo prowadzić wojnę, ponieważ nigdy nie było wystarczającej ilości pieniędzy na takie wojny, a dodatkowe środki musiały być pozyskiwane poprzez dodatkowe opodatkowanie. Oznaczało to, że w pewnym momencie nawet uśpione rzesze ludu wpadłyby w gniew i zbuntowały się przeciwko nadmiernym podatkom.

Inną „wadą" było to, że pieniądz papierowy musiał być zabezpieczony kruszcem, a pożądane było pełne stosowanie starego babilońskiego systemu oszukańczego bankowości opartej na rezerwie cząstkowej, co w prostym języku oznaczało, że banki mogły emitować pewną ilość pieniądza papierowego niezabezpieczonego rzeczywistymi aktywami, takimi jak srebro i złoto. Bez tych zmian i zalewu pieniądza papierowego, który nastąpił po poprawce Peela i utworzeniu banków Rezerwy

Federalnej w Ameryce, nie byłoby możliwe wywołanie I i II wojny światowej. Po prostu nie było prawdziwych pieniędzy na takie marnotrawne wojny, a ludzie nie zgodziliby się na dodatkowe podatki w celu sfinansowania takich niefortunnych przedsięwzięć.

W rzeczywistości nie byłoby wojny w Zatoce Perskiej, inwazji na Irak w 2002 roku, bombardowania Serbii ani wojny z Afganistanem — gdyby nie obfita podaż bezwartościowego papierowego pieniądza, zwanego dolarami amerykańskimi. Akceptowane jako takie na całym świecie — w rzeczywistości są to kawałki papieru emitowane przez prywatny system bankowy, których nie można wymienić na złoto ani srebro.

Dlaczego, jak to ujęła *Encyklopedia Brytyjska*, konieczne było „postępowanie ostrożne"? Jeśli była to uczciwa potrzeba, dlaczego należało zachować ostrożność w tym posunięciu? Jednak encyklopedia zdradza nieprzyjemną grę oszustwa słowami: „co mogłoby wzbudzić obawy i podejrzenia opinii publicznej".

Z jej własnego przyznania dowiadujemy się teraz, że zachowanie ostrożności było konieczne, ponieważ dopuszczano się podstępnego oszukiwania opinii publicznej, a oszustwo to musiało być „umiejętnie zaplanowane, aby wywołać jak najmniejszy sprzeciw".

Cóż za przyznanie się do tego, że wobec ludzi popełniano masowe oszustwo i rażące nadużycie. Sprawcy doskonale wiedzieli, że ludzie zbuntują się, jeśli się o tym dowiedzą, więc poprawka Peela musiała zostać zamaskowana jako „bardzo korzystne zmiany".

Kto był beneficjentem tych „niezwykle korzystnych zmian"? Była tylko jedna strona, która na tym skorzystała, a była to dynastia Rothschildów i ich banki na całym świecie.

Gdyby to nie była prawda, o „bardzo korzystnych zmianach"

krzyczano by z dachów Londynu i każdego miasta na świecie. Jednak „bardzo korzystne zmiany" służyły imperium bankowemu Rotszyldów, a nie mieszkańcom wielu krajów, których dotyczyły.

Chociaż to sir Robert Peel przedstawił poprawkę do statutu banku, jej autorem był w rzeczywistości Lionel Rothschild poprzez swojego londyńskiego „służącego", Benjamina Disraeliego, którego stworzył i rozsławił jako premiera Anglii, w taki sam sposób, w jaki Rotszyldowie stworzyli i rozsławili Napoleona I. Wpływ Lionela Rotszylda na Bank Anglii nigdy nie osłabł, odkąd zastraszył bank, zmuszając go do przekazania mu faktycznej kontroli poprzez atak na jego rezerwy złota, jak wyjaśniono wcześniej, żądając wymiany swoich papierów na złoto.

Należy przypomnieć, że 4 sierpnia 1847 r., kiedy kwalifikacje Disraeliego do ubiegania się o miejsce w parlamencie były bardzo wątpliwe, ponieważ nie mógł on wykazać się własnością nieruchomości z obawy przed licznymi wierzycielami, a posiadanie nieruchomości było niezbędnym warunkiem, to właśnie baron Mayer de Rothschild, wysoki szeryf hrabstwa, w którym leżało miasto Aylesbury, poświadczył Disraeliego jako kwalifikowanego kandydata, a następnie ogłosił go należycie wybranym, po tym jak innego kandydata, Johna Gibbsa, przekonano do wycofania się z wyborów.

Jednak obserwujący to tłum nie przyjął tego wyniku zbyt dobrze. Postrzegając Disraeliego jako intruza, powitał go gwizdami i wygwizdywaniem. Warto również wspomnieć, że podczas gdy Disraeli znajdował się w tak poważnych kłopotach finansowych, które mogły i miałyby negatywny wpływ na jego karierę w parlamencie, to właśnie Lionel de Rothschild wykupił jego długi i umorzył je. Transakcja ta została wspomniana w *książce „Disraeli"* autorstwa Weintrauba, na stronie 401:

> Za pośrednictwem Philipa Rose'a i Lionela de Rothschilda Montague spłacił wszystkie długi. Mówi się, że wspomniany

> Montague „zaproponował wykupienie długów Disraeliego i naliczanie odsetek niższych niż lichwiarskie”. Krytycy sugerowali, że prawdziwym „nabywcą” długów Disraeliego był w rzeczywistości Lionel Rothschild.
>
> Kolejnym niepodważalnym faktem jest to, że we wrześniu 1848 r. Rothschildowie mieli swój udział w zakupie Hughendon, wiejskiej rezydencji Disraeliego, za pośrednictwem figuranta, markiza Titchfielda. Jak napisał Disraeli do swojej żony Mary Anne: „Wszystko załatwione; jesteś panią Hughendon”.

Wspominam o tych faktach, ponieważ wydają się one potwierdzać twierdzenie, że Disraeli był „zwykłym sługą Rothschildów”.

Analiza metod stosowanych przez Rotszyldów w celu przeprowadzenia oszustwa związanego z poprawką Peela pokazuje, że wykorzystali oni dokładnie te same środki, aby przeprowadzić oszustwo związane z bankami Rezerwy Federalnej na amerykańskiej ludności. W obu przypadkach autorem i realizatorem spisku byli ci sami ludzie – Rotszyldowie.

Katastrofa z 1840 roku została zainscenizowana i przeprowadzona przez Rotszyldów, aby przygotować grunt pod kluczową poprawkę z 1844 roku, która miała być dla nich tak korzystna, że położyła kres ograniczającemu wpływowi srebrnych monet i certyfikatów srebrnych.

Rothschildowie zainscenizowali panikę z 1907 roku, która otworzyła drogę do amerykańskiej wersji poprawki Peela, czyli oszukańczych i wręcz niekonstytucyjnych banków Rezerwy Federalnej, a projekt ustawy został przepchnięty przez Senat dzięki licznym agentom na stanowiskach, w szczególności senatorowi Williamowi Aldrichowi. Poprawka Peela i ustawa o Rezerwie Federalnej są bliźniakami tego samego pochodzenia, Rotszyldów, którzy wykorzystali swoich ludzi i sługusów, aby ukryć prawdziwych autorów tych niesławnych fiskalnych i monetarnych środków oszustwa.

W jaki sposób Rotszyldom udało się osiągnąć podwójny sukces, który nałożył jarzmo niewoli na szyje zwykłych ludzi? Udało im się to dzięki temu, że byli właścicielami i kontrolowali przywódców obu partii politycznych w brytyjskim parlamencie oraz przywódców politycznych obu partii w Izbie Reprezentantów i Senacie Stanów Zjednoczonych. Od tamtej pory nic się nie zmieniło.

Status quo pozostaje niezmienne. Te dwa środki dały Rotszyldom całkowitą kontrolę nad polityką monetarną i fiskalną Imperium Brytyjskiego oraz całkowitą kontrolę monetarną i fiskalną nad Stanami Zjednoczonymi, pomnażając w ten sposób nie tylko bogactwo Rotszyldów, ale także ich władzę w dyktowaniu polityki zarówno rządowi brytyjskiemu, jak i amerykańskiemu, czyniąc ich

„panami i władcami światowych rynków pieniężnych".

Disraeli nie powiedział, że Rotszyldowie osiągnęli całkowitą kontrolę nad polityką zagraniczną i wewnętrzną rządów świata, ale nie było to konieczne, ponieważ stało się to oczywiste podczas konferencji pokojowej w Paryżu.

Zgodnie z instrukcjami swoich panów z rodu Rothschildów prezydent Wilson i premier George zorganizowali dwie komisje, które nazwano „Komisją Finansową" i „Sekcją Gospodarczą". Do Komisji Finansowej powołano agentów Rothschildów, Barucha i Thomasa Lamonta, partnera J.P. Morgan and Co.

Ostateczny wynik obrad i decyzji obu komisji sprawił, że spłata długów wojennych Wielkiej Brytanii i Francji wobec Stanów Zjednoczonych stała się niemal niemożliwa, najprawdopodobniej z zamiarem ich „umorzenia", co faktycznie nastąpiło, co stanowiło rażące naruszenie Konstytucji Stanów Zjednoczonych.

W Konstytucji Stanów Zjednoczonych nie było i nie ma żadnych przepisów, które pozwalałyby na udzielanie pożyczek i darowizn na rzecz obcych mocarstw, a tym bardziej na umorzenie długów. Jednak dla Rotszyldów była to tylko kolejna przeszkoda do pokonania, a Stany Zjednoczone rzeczywiście umorzyły miliardy długów należnych od aliantów.

Zamiarem było dość wyraźnie, aby długi wobec Rotszyldów zostały spłacone i to było podstawowe założenie. Niestety, agenci Rotszyldów w rządzie Stanów Zjednoczonych zgodzili się na plan, który okradł Amerykanów z miliardów dolarów i wzbogacił Rotszyldów o podobne kwoty, co stanowiło rażące naruszenie najwyższego prawa Stanów Zjednoczonych, jakim jest Konstytucja.

W następstwie tego rażącego lekceważenia Konstytucji doszło do wzmocnienia międzynarodowego socjalizmu, który spowodował ubóstwo i cierpienie, a rewolucje doprowadziły do powstania komunizmu. Kim był ten Disraeli, człowiek, który wywarł tak głęboki wpływ na historię Anglii? W jaki sposób dążył do zdobycia swojej pozycji władzy?

Benjamin Disraeli (1804–1881), który w późniejszych latach otrzymał tytuł lorda Beaconsfield, był pierwszą osobą pochodzenia żydowskiego, która została premierem Anglii.

Analiza dokumentów w British Museum pokazuje, że Disraeli zawdzięczał swój wzrost sławy i władzy wyłącznie Lionelowi Rothschildowi. Kiedy został odkryty przez Lionela, Disraeli znajdował się w stanie skrajnej biedy, ale mimo to udało mu się zdobyć władzę i sławę, ponieważ Lionel Rothschild uznał go za użytecznego sługę.

Bismarck, kolejna z „kreacji" Rothschilda, powiedział, że Disraeli był pomysłodawcą planu doprowadzenia do upadku Stanów Zjednoczonych poprzez wojnę domową. Wojna secesyjna była najbardziej bezsensowną bratobójczą walką w historii świata i kosztowała życie prawie 800 000 mężczyzn. Była to wojna, która nigdy nie powinna była mieć miejsca i nie doszłaby do niej, gdyby nie „ukryta ręka" Rothschildów i ich agenta, Disraeliego, na którego duszy na zawsze spoczywać musi krew ofiar wojny secesyjnej.

> Lionel Rothschild został mentorem i przewodnikiem Benjamina. Począwszy od młodości Disraeliego, Lionel przejął kontrolę i poprowadził swojego protegowanego od jednego sukcesu do drugiego.
>
> Disraeli był dla Lionela tym, czym Weishaupt był dla Amschela; Gambetta dla Jamesa Rothschilda III tym, czym Poincaré był dla Alfonsa Rothschilda IV i jest dla Eduarda Rothschilda V, albo czym był i jest Kiereński (Kirbis) dla E. Rothschilda V... Disraeli był koniem trojańskim, który wkradł się do wyższych sfer Wielkiej Brytanii, niosąc w sobie kilkunastu Żydów jako przyszłych lordów i ministrów. Teraz oni całkowicie nią rządzą. (*Zapobiegajmy drugiej wojnie światowej*. (Hrabia Cherep-Spiridovich)

Według książki Buckle'a „*Życie i śmierć Disraeliego*",

> „żadna kariera w historii Anglii nie jest bardziej niezwykła niż kariera Disraeliego i żadna nie była dotychczas owiana większą tajemnicą ".

Jednak dla Thomasa Carlyle'a, wielkiego angielskiego eseisty i historyka, Disraeli był „awanturnikiem i znakomitym hebrajskim iluzjonistą". Carlyle napisał znane dzieło o rewolucji francuskiej, a jego wykłady „O bohaterach", które spotkały się z ogromnym uznaniem, sprawiły, że był on lepszym znawcą Disraeliego niż *Buckle w swojej „Historii cywilizacji w Anglii"*. Profesor William Langer również bardziej realistycznie ocenia wartość Disraeliego, ale żaden z tych historyków nie wspomina nic o jego mentorze i kontrolerze, Lionelu Rothschildzie. Cherep-Spiridovich jest najmniej łaskawy wobec Disraeliego:

> Polityka Disraeliego polegała głównie na nienawiści do Rosji... Wzięty pod skrzydła Lionela, Disraeli przyjął odtąd triumfalną pogardę, godną Mefistofelesa. Ponieważ był upiornie blady, miał błyszczące oczy i czarne włosy, przyjął

> frak z czarnego aksamitu podszyty białą satyną, białe rękawiczki, zwisające frędzle z czarnego jedwabiu oraz białą laskę z kości słoniowej z czarnymi frędzlami.
>
> Wszystko to zostało diabelsko połączone, aby wywrzeć silniejsze wrażenie na wpływowych starszych damach. Dzięki nim Benjamin poznał w Londynie wszystkie sekrety potrzebne jego patronowi Lionelowi, dzięki którego pieniądzom Disraeli wkroczył na najwyższe stanowiska.

Sarah Bradford w swojej książce „*Disraeli*" stwierdza na stronach 60 i 186, że Disraeli miał „silne syjonistyczne przekonania, które wyrażał prywatnie". Bradford wspomina o kilku innych istotnych kwestiach związanych z patronatem Rotszyldów nad Disraelim:

> Znali jego żonę Mary Anne jeszcze przed ślubem, opowiadając, jak panie z rodziny Rothschildów coraz bardziej zbliżały się do niej. (Strona 187)
>
> Disraeli był często gościem w domu Anthony'ego de Rothschilda i był „traktowany jak członek rodziny".

(Strona 386)

Disraeli, autor Weintraub opisuje, jak blisko Lionel był z Disraelim (str. 243) i jak „uważał Lionela za swojego najlepszego przyjaciela... Widywał go częściej niż kogokolwiek innego w Londynie i nigdy nie potrzebował zaproszenia na kolację. Po śmierci żony Disraeliego, Mary Anne, praktycznie mieszkał w domu Lionela. (Strony 243 i 611) Anthony de Rothschild był najlepszym i najmilszym gospodarzem na świecie. (Strona 651)

Weintraub wspomina, że Alfred de Rothschild był niezwykle hojny wobec Disraeliego. Nie mamy żadnych wątpliwości, że Disraeli i Rothschildowie cieszyli się niezwykle bliską przyjaźnią, wykraczającą daleko poza to, co można by rozumieć w normalnym znaczeniu tego słowa.

ROZDZIAŁ 23

Rothschildowie sfinansowali sfinansował atak na Rosję

Wcześniej wspomniałem, że wyjaśnię nieco szczegółowo udział Rothschildów w wojnie między Japonią a Rosją w latach 1904–1905. W tamtym czasie rząd Japonii sądził, że otrzymuje pomoc od Jacoba Schiffa, który działał za kulisami, aby podsycać napięcia między Rosją a Japonią, ale co tak naprawdę kryło się za pożyczką, którą Schiff udzielił Japończykom?

Rothschildowie potrzebowali Japonii w swoich dążeniach do destabilizacji Rosji. Ich nienawiść do rodziny Romanowów była bezgraniczna. Atak floty japońskiej na Port Artur przygotował grunt pod rewolucję bolszewicką, która miała nastąpić w odpowiednim czasie. Jak zauważył kiedyś Lionel Rothschild:

> „między dworem w Petersburgu a moją rodziną nigdy nie było przyjaźni".

Wojna rosyjsko-japońska rozpoczęła się 8 lutego 1904 roku. Komuniści byli zachwyceni, dostrzegając w tym ataku okazję do zadania ciosu rządowi. Rosyjskie gazety, takie jak *„Nowoje Wremja"*, zarzucały syjonistycznym Żydom, że potajemnie pomagają Japonii. Mieli w tym rację, ponieważ Jacob Schiff odegrał kluczową rolę w udzieleniu Japonii kilku pożyczek.

Schiff był powiązany z rodziną Rothschildów poprzez swoje urodzenie we Frankfurcie 10 stycznia 1847 r. Jego ojciec był znany Rothschildom. Kiedy osiągnął pełnoletność, Jacob został maklerem w banku Rothschildów we Frankfurcie. W 1865 roku

Rotszyldowie wysłali go do Nowego Jorku, aby nawiązał współpracę z firmą należącą do Franka i Gansa. Zgodnie z instrukcjami Rotszyldów w 1867 roku założył własny dom maklerski „Budge, Schiff and Co.". Spółka ta funkcjonowała przez około sześć lat i została rozwiązana w 1873 roku, kiedy to Schiff wyjechał do Europy.

Po podróży po niemieckich firmach bankowych w 1873 roku powrócił do Stanów Zjednoczonych w 1875 roku i został członkiem firmy bankowej Kuhn, Loeb and Co., znanej jako „przykrywka" dla interesów bankowych Rothschildów w Ameryce. Schiff nienawidził Rosji i dostrzegł w wojnie rosyjsko-japońskiej szansę na zadanie ciosu carom i być może doprowadzenie do końca ich rządów nad Rosją.

Z jego wyraźnego polecenia firma Kuhn, Loeb and Co. wyemitowała trzy duże japońskie pożyczki wojenne w latach 1904 i 1905. W dowód wdzięczności otrzymał Drugi Order Świętego Skarbu Japonii. Po zdecydowanej klęsce floty rosyjskiej w Port Arturze scena była gotowa na poważne niepokoje w Rosji, które miały nastąpić:

- 28 lipca 1904 r. – zabójstwo Wiaczesława von Plehve, zdolnego ministra spraw wewnętrznych
- 22 sierpnia 1904 r. W Kijowie, Równem i Wołhnii wybuchły zamieszki żydowskie, które trwały do października
- 22 stycznia 1905 r. Krwawa niedziela pod przewodnictwem agenta Rotszylda, „ojca" Giorgiego Gapona
- 2–30 października 1905 r. Strajk generalny, w którym wziął udział cały kraj
- 22 grudnia 1905 r. – 1 stycznia 1906 r. Powstanie robotników w Moskwie
- 2 maja 1906 r. Dymisja hrabiego Wittego, uznana przez historyków za początek końca panowania Romanowów

Morderstwo von Plehve zostało przepowiedziane w żydowskim

wierszu rozpowszechnionym w lutym 1904 r., skierowanym do „Hamana". Łatwo rozpoznawalny jako minister spraw wewnętrznych, wiersz ten głosił, że „nowy Haman" wkrótce umrze. Rankiem 28 lipca 1904 r. terrorysta z organizacji o nazwisku Sazonow rzucił bombę w von Plehve'a, gdy ten stał na placu przed dworcem warszawskim w Sankt Petersburgu.

Tuż przed wybuchem rewolucji bolszewickiej Schiff przekazał Leninowi 20 milionów dolarów na wsparcie sprawy bolszewickiej. Nic dziwnego, że papież Leon XIII napisał w swoim liście apostolskim z 19 marca 1902 r., *Parvenu a la Vingt-cinquième Année*:

> Obejmując swoim ogromnym uściskiem większość narodów, łączy się z innymi sektami, których jest prawdziwą inspiracją i ukrytą siłą napędową. Najpierw przyciąga, a następnie zatrzymuje swoich zwolenników przynętą w postaci światowych korzyści, które dla nich zapewnia. Podporządkowuje sobie rządy, czasem za pomocą obietnic, czasem za pomocą gróźb. Wkradła się do każdej warstwy społecznej i tworzy niewidzialną i nieodpowiedzialną władzę, niezależny rząd, jakby znajdowała się w ramach korporacji prawnego państwa.

Dr Gerard Encausse w *Mysteria* w numerze z kwietnia 1914 r. słusznie stwierdził:

> Równolegle do międzynarodowej polityki każdego państwa istnieją pewne niejasne organizacje prowadzące międzynarodową politykę ... Ludzie biorący udział w tych naradach nie są zawodowymi politykami ani elegancko ubranymi ambasadorami, ale pewnymi nieznanymi postaciami, wielkimi finansistami, którzy przewyższają próżnych, efemerycznych polityków, wyobrażających sobie, że rządzą światem.

Zanim Winston Churchill stanął po stronie spiskowców, tak skomentował wydarzenia w Rosji:

> Czołowe postaci potężnej sekty, najpotężniejszej sekty na świecie, otoczone tymi postaciami, zabrały się do pracy z demoniczną zdolnością do rozrywania na strzępy każdej instytucji, od której zależało państwo rosyjskie. Rosja została poniżona. Rosja musiała zostać poniżona. Została poniżona w pyle.

Churchill odnosił się do diabelskiej furii Lenina i Trockiego oraz terroru i zniszczenia, jakie sprowadzili na chrześcijańską Rosję. (*Przemówienie w Izbie Gmin* 5 listopada 1919 r.)

Lenin był tylko kolejnym sługą Rotszyldów, wysłanym, by wykonywał ich polecenia. Ich nienawiść do Romanowów nie znała granic.

Jedyną rzeczą, która doprowadzała Rotszyldów do szału, była próba stworzenia przez cara Świętego Imperium, które uznawałoby Chrystusa za swojego przywódcę. Istnieje kilka relacji na ten temat: książka żydowskiego autora A. Rappaporta pt. „*Klątwa Romanowów*", relacja profesora Williama Langera, praca Johna Spencera Bassetta „*Zagubione owoce Waterloo*" oraz dokumenty znajdujące się w prywatnych aktach lorda Milnera.

Święty Sojusz był uważany za chrześcijańską Ligę Narodów, w skład której wchodziły Austria, Prusy i Rosja, z nadzieją, że dołączą do niego Wielka Brytania, Francja i wszystkie narody Europy. Narody miały złożyć przysięgę wierności

> „Jedynego i Prawdziwego Władcy, któremu jako jedynemu z boskiego prawa przysługuje wszelka władza, a mianowicie Bogu, naszemu Boskiemu Zbawicielowi, Jezusowi Chrystusowi".

Czołową postacią tego upragnionego sojuszu był car Aleksander I, który podjął zdecydowane działania, aby stał się on rzeczywistością. Rotszyldowie natychmiast wyrazili swój sprzeciw wobec niego.

Profesor Langer definiuje to w następujący sposób, co moim zdaniem jest opisem stronniczym:

> 26 września 1815 r. podpisano Święty Sojusz, dokument sporządzony przez cara Aleksandra I, podpisany przez cesarza Franciszka I i Fryderyka Wilhelma III, a ostatecznie przez wszystkich europejskich władców, z wyjątkiem księcia regenta Wielkiej Brytanii, papieża i sułtana Turcji. Była to nieszkodliwa deklaracja zasad chrześcijańskich, które miały kierować władcami w ich stosunkach z poddanymi oraz między sobą .
>
> Te niejasne i niebudzące zastrzeżeń zasady były prawdopodobnie traktowane przez cara jedynie jako wstęp do jakiejś formy organizacji międzynarodowej zgodnej z zaleceniami Abbé de St. Pierre'a sprzed stu lat.
>
> Znaczenie tego dokumentu nie leżało w jego treści, ale w późniejszym pomieszaniu go w świadomości publicznej z Czterostronnym Sojuszem, a w szczególności z reakcyjną polityką trzech mocarstw wschodnich, które były postrzegane jako związane paktem skierowanym przeciwko wolnościom ludu, zamaskowanym jako religia.

W pierwszej kolejności nie była to „zamaskowana jako religia". Taką interpretację nadali jej Rotszyldowie, którzy zrobili wszystko, co mogli, aby powstrzymać Wielką Brytanię przed podpisaniem dokumentu.

We Francji Rotszyldowie odegrali kluczową rolę w doprowadzeniu do „rozdziału Kościoła od państwa", aby pomóc w rozwiązaniu Świętego Przymierza. Książka Rappaporta na ten temat:

> Przywrócenie pokoju w Europie sprawiło carowi Aleksandrowi I wielką satysfakcję. Aleksander zwrócił uwagę na niereligijność narodów jako źródło zła. Wpadł na pomysł ożywienia religijnej gorliwości wśród ludów, a tym samym przywrócenia patriarchalnego reżimu, czystości życia

> rodzinnego, posłuszeństwa wobec prawa i władzy. Jednak władcy muszą dawać przykład i służyć jako wzór dla swoich poddanych.
>
> Władcy Europy muszą wypełniać swoje misje jako władcy imperiów i królestw w duchu założyciela chrześcijaństwa, co powinno być ogniwem łączącym władców z ich narodami oraz między sobą.
>
> (*Klątwa Romanowów*, strona 336)

Najwyraźniej Święty Sojusz był sprzeczny z planami Rotszyldów, jeśli weźmiemy pod uwagę pisma hrabiego Cherep-Spiridovicha, który uważał, że od tego momentu w 1815 roku Rotszyldowie przypieczętowali los Rosji i rodziny Romanowów. Kardynał Manning stwierdził:

> Powstało stowarzyszenie, którego wyraźnym celem jest wykorzenienie wszystkich religii ustanowionych przez władzę i obalenie wszystkich rządów w Europie.

Kardynał uważał, że pierwszą ofiarą była Francja podczas rewolucji francuskiej, a Rosja była drugą ofiarą. Istnieją dowody na to, że Disraeli nie mówił prawdy o Rosji. To Rotszyldowie podżegali do rewolucji bolszewickiej i finansowali ją poprzez swoje nowojorskie banki, należące do Jacoba Schiffa i J.P. Morgana, a w Londynie poprzez lorda Alfreda Milnera. Faktem jest, że Schiff przekazał Trockiemu 20 milionów dolarów na obalenie chrześcijańskiej Rosji.

Historia Rotszyldów pokazuje, że nie wahali się oni wydać części swojej ogromnej fortuny, aby osiągnąć cele polityczne. W tym zakresie odnieśli zadziwiające sukcesy.

O tym, że Rotszyldowie posiadali i sprawowali niesamowitą władzę nad narodami i rządami, świadczą następujące fakty:

> Cesarz musiał skonsultować się z Rothschildem, aby dowiedzieć się, czy może wypowiedzieć wojnę. Inny

Rothschild poniósł cały ciężar konfliktu, który obalił Napoleona. (*The Patriot*, dr Stuart Holden, 11 czerwca 1925 r.)

Powstanie w Gruzji (Kaukaz) zostało zainscenizowane przez Rotszyldów. (*Humanité*, wrzesień 1924 r. Był to magazyn żydowski)

Rothschildowie mogą wywoływać lub zapobiegać wojnom. Ich słowo może budować lub niszczyć imperia. (*Gazeta Chicago Evening*, 3 grudnia 1923 r.)

Alphonse Rothschild zgodził się zapłacić Niemcom całe odszkodowanie za Francję z okresu , jeśli Francja wybierze go na króla. (*Journal d'un Officier d'Ordonnance* autorstwa Comte d'Hemson)

Podczas ostatniego, decydującego posiedzenia brytyjskiego gabinetu 3 lipca 1914 r. Lloyd George zaprosił lorda Rothschilda do wysłuchania debaty. Premier prowadził swoją diabelską grę w imieniu rodziny Rothschildów, której zawsze był i nadal jest jedynie narzędziem. Gdyby Anglia szczerze zadeklarowała, że będzie wspierać Rosję i Francję, nie doszłoby do wojny, ponieważ cesarz nigdy by na to nie pozwolił, pomimo 10 Żydów, którzy go ściśle otaczali: Bethman-Hollwig-Rothschild, Rathenau, Ballin i Dembury. (*Nieujawniona historia*, hrabia Cherep-Spiridovich)

Rothschildowie są filarem wszystkich wydarzeń politycznych i finansowych od 1770 roku. Ich nazwisko powinno pojawiać się na każdej stronie historii każdego kraju. Autorzy, nauczyciele, wykładowcy i politycy, którzy o nich nie mówią, muszą być uważani za naiwniaków, hipokrytów lub przestępczo nieświadomych. (*Nieujawniona historia*, hrabia Cherep-Spiridowicz)

Większość archiwów zawierających szczegóły dotyczące Rotszyldów została celowo spalona w Paryżu podczas Komuny w 1871 roku, której głównym finansistą był Rotszyld. (La Libre Parole, 27 maja 1905 r.) W lutym 1817

> r. masoni, Bublikoff i inni – wszyscy słudzy Rotszyldów – udali się do Rosji i zatrzymali pociągi z szybkim jedzeniem, które jechały do Piotrogrodu, aby sprowokować lud do buntu. (*Nieujawniona historia*, hrabia Cherep-Spiridowicz)
>
> 15 lutego 1911 r. firma Schiff and Co. nalegała na prezydenta Tafta, by nie przedłużał traktatu handlowego z 1832 r. z Rosją. Kiedy odmówił, Schiff odmówił uściśnięcia mu dłoni, mówiąc: „to oznacza wojnę”. Nastąpiły morderstwa Luschinsky'ego i premiera Stolypina oraz wybuchła wojna światowa. (*Towards Disasters; Dangers and Remedies*, hrabia Cherep-Spiridovich)

Rothschildowie utrzymywali kontakty z królami, książętami i potentatami, zgromadzili ogromne fortuny i tytuły, lordów i baronów, „Sir” i oraz „Lady”, a także otrzymali niezliczone zaszczyty. Chcieli zapomnieć o swoich początkach i założycielu, który to wszystko umożliwił, sprzeniewierzając „nieoczekiwany zysk”, którym powierzył mu landgraf Hesji-Kassel.

- Mayer Amschel 1743–1812
- Anselm Mayer 1773–1855
- Salomon 1774–1855
- Nathan 1777–1836
- Karl 1788–1855
- Jacob James 1792–1868

ROZDZIAŁ 24

Kilka opinii na temat Rotszyldów, ich roli w wojnie, rewolucji i intrygach finansowych

Niniejszy rozdział zawiera opinie różnych autorów i autorytetów, których nie da się łatwo włączyć do głównej części książki, ponieważ są one nieco oderwane od tematu.

Niemniej jednak, moim zdaniem, są one ważne, ponieważ stanowią podstawę dla pism tych historyków i badaczy, którzy niemal jednogłośnie podzielają przekonanie, że Rotszyldowie byli jedną z największych sił działających w XVIII i XIX wieku, a dziś najprawdopodobniej są nią jeszcze w większym stopniu.

> Pierwsza wojna światowa przyniosła Eduardowi Rothschildowi ponad 100 miliardów dolarów. (Hrabia Cherep-Spiridovich)
>
> Ta potężna rewolucja, która w tej chwili przygotowuje się w Niemczech i o której na razie tak niewiele wiadomo, rozwija się całkowicie pod auspicjami Żydów, którzy niemal monopolizują profesorskie katedry w Niemczech. (*Coningsby*, Disraeli, strona 250, pisząc o wydarzeniach z lat 1844–1848)
>
> Historycy są zgodni co do tego, że miał na myśli Rotszyldów. Praktycznie wszystkie wojny i rewolucje były wówczas finansowane przez Rotszyldów. (Disraeli w „*Coningsby*", strony 218–219)

> Liga Narodów to żydowski pomysł. Stworzyliśmy ją po 25 latach walki. (Nathan Sokolow, *przywódcy syjonistyczni na kongresie w u w Karlowych Warach*, 27 sierpnia 1932 r.)

> Liga Narodów jest w całości zarządzana przez Żydów: Paula Hymansa, Sir Erica Drummonda, Paula Mantauxa, majora Abrahama, panią N. Spiller, żydowskiego „lokaja" Alberta Thomasa, który pomógł francuskimi milionami w intronizacji bolszewików w Rosji, jest „szefem sekcji pracy. Otrzymuje bajeczną pensję". (*Le Péril Juif Le Règne d'Israël chez les Anglo Saxons*, B. Grasset, Peres, Francja)

Ponownie wydaje się to odnosić do Rotszyldów i staram się podkreślić, że w większości przypadków „Żydów" można zastąpić „Rotszyldami".

> Współczesny ruch rewolucji społecznej sięga połowy XVIII wieku. Od tego czasu obserwujemy nieustanny strumień wywrotowych agitacji, przybierających różne formy, ale zasadniczo takich samych, coraz szerszych i głębszych, aż stały się prawdziwą powodzią, która zalała Rosję i grozi pochłonięciem naszej cywilizacji. (*The Revolt Against Civilization*, Lothrop Stoddard)

> Wielkie ruchy rewolucyjne rozpoczęły się między połową a końcem XVIII wieku, kiedy to w 1770 roku Amschel Rothschild został zarządcą landgrafa Hesji-Kassel. Amschel zatrudnił wszystkich Miliukowów, Kiereńskich, Leninów i innych z XVIII wieku, aby rozpoczęli swoją wywrotową agitację, tak samo jak E. Rothschild zatrudnił tych z XX wieku. (Hrabia Cherep-Spiridowicz)

> Fakty o światowym znaczeniu są znane zbyt niewielu ludziom, a potrzebujemy więcej faktów. Ludzkość nie może znaleźć światła, jeśli nie ma faktów. (Redaktor *Chicago Daily News*)

> Czym jest ta potężna sekta, o której mówi Abbe Burruel w XVIII wieku i Churchill w XX? Od odpowiedzi na to pytanie może zależeć potęga chrześcijaństwa i cywilizacji opartej na

> chrześcijaństwie. Była to potęga spoza Rosji; była to potęga o zasięgu światowym i była ona wystarczająco silna, by obalić Rosję w czasach a, a także ród Hohenzollernów. Czym ona była? (*Cause of World Unrest*, Nesta Webster, strona 35)

Lloyd George powiedział, że nie wierzy, aby jakikolwiek mąż stanu lub władca wywołał wojnę. Być może minie sto lat, zanim świat pozna całą prawdę. (Senator Copeland, Congressional Record)

> Ród Rothschildów wraz z kilkoma współwyznawcami spiskuje, aby przejąć władzę nad światem. (*The Secret of the Rothschilds*, pani Mary Hobart)
>
> Cesarz musiał skonsultować się z Rothschildem, aby dowiedzieć się, czy może wypowiedzieć wojnę. Inny Rothschild poniósł cały ciężar konfliktu, który obalił Napoleona. (*The New York Times*, 22 lipca 1924 r.)
>
> W Archiwum Cesarskim w Berlinie znaleziono list Rothschilda do Wilhelma II, w którym namawiał go do wojny. (*Prawda o Żydach*, Walter Hurt, strona 324)
>
> Dla opinii publicznej archiwa rodziny (Rothschildów), które mogłyby rzucić tak wiele światła na historię, są głęboką tajemnicą, zamkniętą księgą, ukrytą przed *światem*. (*Rothschildowie, finansowi władcy świata*, John Reeves, strona 59)
>
> Bismarck, Beaconsfield (Disraeli), Republika Francuska, Gambetta i inni – wszyscy oni są niczym. Zwykłą iluzją. Tylko Żyd wraz ze swoim bankiem jest ich panem i rządzi całą Europą. Żyd zdecyduje się na weto i nagle Bismarck upadnie... Dla Rotszyldów nic nie mogło się wydarzyć w bardziej sprzyjających okolicznościach niż wybuch amerykańskiej rewolucji i rewolucji francuskiej, ponieważ obie one umożliwiły im położenie fundamentów pod ogromne bogactwo, które od tego czasu zgromadzili. (*The Rothschilds Financial Rulers of the World*, John Reeves, strona 86)

> Pani Nesta Webster nie może uniknąć wniosku, że to międzynarodowi finansiści finansują (rewolucje i wojny). Co więcej, to żydowscy finansiści dostarczają fundusze; to Żydzi byli agentami-prowokatorami rewolucji przez ostatnie dwa tysiące lat. To Żydzi stanowią tajną radę pięciu głównych zorganizowanych, przerażających ruchów, z którymi musi zmagać się zorganizowany rząd. (*The New York Times*, 8 marca 1925 r.)

> W całej historii nikt nie wzbudzał tak przeciwstawnych i intensywnych emocji ani nie budził tak wielkiego podziwu, strachu i nienawiści wśród ludzkości. (*Napoleon*, Hebert Fisher)

> Człowiek, Napoleon, urodzony bez żadnego bogactwa ani wysokiego pochodzenia, stał się panem świata przed ukończeniem 35 lat, a swoją karierę, będącą niezrównanym romantycznym cudem, zakończył w wieku 46 lat. (*How Great Was Napoleon?* Sydney Dark)

Podsumowując, jakże zadziwiające jest to, że ci sami przywódcy światowej elity, którzy mają moc wywoływania wojen dla własnych korzyści, mogą również zniszczyć i skazać na zapomnienie tych niegdyś ważnych przywódców narodowych, którzy sprzeciwiają się ich wielkim zamysłom, a zwłaszcza planom ustanowienia operacji Nowego Porządku Świata w ramach światowej struktury dyktatury jednego rządu światowego. Jeśli nie uda się stworzyć siły przeciwnej, która przeciwstawi się tym planom, świat może bardzo dobrze pogrążyć się w mroku brutalnej dyktatury do roku 2025.

Inne tytuły

OMNIA VERITAS
OMNIA VERITAS LTD PRZEDSTAWIA:
JOHN COLEMAN
DYPLOMACJA OPARTA NA OSZUSTWIE
RELACJA Z ZDRADZIECKICH DZIAŁAŃ RZĄDÓW
WIELKIEJ BRYTANII I STANÓW ZJEDNOCZONYCH
Historia powstania Organizacji Narodów Zjednoczonych stanowi klasyczny przykład dyplomacji opartej na oszustwie

OMNIA VERITAS
OMNIA VERITAS LTD PRZEDSTAWIA:
John Coleman
HIERARCHIA SPISKOWCÓW
HISTORIA KOMITETU 300
Ten jawny spisek przeciwko Bogu i ludzkości zakłada
zniewolenie większości ludzi...

OMNIA VERITAS
OMNIA VERITAS LTD PRZEDSTAWIA:
INSTYTUT STOSUNKÓW
MIĘDZYLUDZKICH TAVISTOCK
Kształtowanie moralnego, duchowego,
kulturowego, politycznego i gospodarczego
upadku Stanów Zjednoczonych
John Coleman
Gdyby nie Tavistock, nie
doszłoby ani do I, ani do II
wojny światowej...
Sekrety Instytutu Tavistock ds. Stosunków Międzyludzkich

OMNIA VERITAS
OMNIA VERITAS LTD PRZEDSTAWIA:
Jeden porządek światowy
SOCJALISTYCZNA DYKTATURA
Przez te wszystkie lata, kiedy nasza uwaga skupiała się na okrucieństwach komunizmu w Moskwie, socjaliści w Waszyngtonie zajęci byli grabieżą Ameryki!
JOHN COLEMAN
„Wróg z Waszyngtonu jest groźniejszy niż ten z Moskwy"

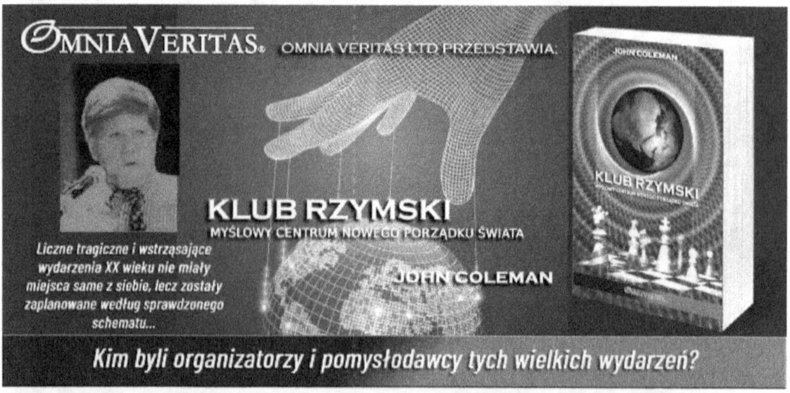
OMNIA VERITAS
OMNIA VERITAS LTD PRZEDSTAWIA:
KLUB RZYMSKI
MYŚLOWY CENTRUM NOWEGO PORZĄDKU ŚWIATA
Liczne tragiczne i wstrząsające wydarzenia XX wieku nie miały miejsca same z siebie, lecz zostały zaplanowane według sprawdzonego schematu...
JOHN COLEMAN
Kim byli organizatorzy i pomysłodawcy tych wielkich wydarzeń?

OMNIA VERITAS
OMNIA VERITAS LTD PRZEDSTAWIA:
MASONERIA
od A do Z
John Coleman
JOHN COLEMAN
MASONERIA
od A do Z
W XXI wieku masoneria stała się mniej tajną lożą, a bardziej „stowarzyszeniem tajemnic".
W tej książce wyjaśniono, czym jest masoneria

OMNIA VERITAS
OMNIA VERITAS LTD PRZEDSTAWIA:
POZA SPISKIEM
Demaskowanie niewidzialnego rządu światowego
John Coleman
Wszystkie wielkie wydarzenia historyczne są planowane w tajemnicy przez ludzi, którzy otaczają się absolutną dyskrecją
Dobrze zorganizowane grupy zawsze mają przewagę nad obywatelami

OMNIA VERITAS
OMNIA VERITAS LTD PRZEDSTAWIA:
WALCZYMY O ROPĘ
Historia wojen naftowych USA
JOHN COLEMAN
Historia przemysłu naftowego prowadzi nas przez zawiłości „dyplomacji”
Walka o zmonopolizowanie zasobów, których pragną wszystkie narody

OMNIA VERITAS
OMNIA VERITAS LTD PRZEDSTAWIA:
WOJNA NARKOTYKOWA PRZECIWKO AMERYCE
JOHN COLEMAN
Handlu narkotykami nie da się całkowicie wyeliminować, ponieważ ci, którzy nim kierują, nie pozwolą odebrać sobie najbardziej dochodowego rynku na świecie...
Prawdziwymi pomysłodawcami tego przekl tego przedsi wzi cia s wiatowe „elity”